VEGAN Paradise

Ich danke dir, Mama, dass du mich von
Anfang an unterstützt hast und
immer für mich da bist!

Bianca Zapatka

VEGAN Paradise

Himmlische Rezepte aus aller Welt

Italienischer Brotsalat

Pilz-Gyros

Pintobohnen-Curry

Tofu-Saté-Spieße

Rote-Bete-Burger

Poke Bowl mit Wassermelone-Thunfisch

Thai-Ananasreis im Ananasboot

Zupfbrot mit Bärlauch

Couscous-Pizza

Inhalt

Paradiesischer Genuss

Das Paradies bedeutet für mich nicht nur Sonne, Strand und Meer, sondern auch viele kleine Dinge im Leben, die mich täglich faszinieren und zum Träumen anregen. Insbesondere die Natur mit all ihren Facetten finde ich wunderschön, denn sie hat so viel zu bieten. Und ich liebe es, mit natürlichen pflanzlichen Lebensmitteln zu kochen und zu backen und meine Speisen mit frischem Gemüse, Kräutern und Früchten hübsch anzurichten – wie man weiß, isst das Auge ja bekanntlich mit. Ich finde, da ist echt was dran!

Genau das ist es, was für mich das „Vegan Paradise" auszeichnet: pflanzliche Gerichte, die himmlisch schmecken, wunderbar präsentiert sind, einfach von der Hand gehen, dem Körper guttun und dabei auch noch möglichst nachhaltig sind.

Meine Rezepte sollen nämlich nicht nur satt, sondern auch gesund, glücklich und im wahrsten Sinne nachhaltig zufrieden machen. Bewusster Genuss entfaltet seine Wirkung bereits beim Einkaufen – und erst recht beim Kochen und Essen. Immer mehr Menschen öffnen sich dafür und möchten mit ihrer Ernährung auch zu einer intakten Umwelt, zu besseren Bedingungen für Tiere und zu einem gesunden Lebensstil beitragen. Verbote haben dabei meines Erachtens noch nie geholfen. Was aber funktioniert: Rezepte, die Lust auf mehr machen und ganz einfach jeden begeistern!

Die große weite Welt ist voller spannender veganer Rezepte – und viele andere internationale Gerichte sind vegan wunderbar umsetzbar. Ich habe mich für dich auf eine kulinarische Reise gemacht und präsentiere dir in diesem Buch meine veganen Highlights aus der ganzen Welt, die einfach paradiesisch schmecken.

Lasse dich inspirieren!

Deine Bianca

Gefüllte Auberginen mit
Bulgur auf türkische Art
(Rezept siehe Seite 12)

Orient und Indien

Ich liebe die frischen Früchte in der orientalischen Küche ebenso wie die warmen Gewürze wie Curry und Ingwer – besonders im Herbst.

Orient und Indien

Inspiriert von Gerichten aus der Türkei, Indien, Marokko und dem Nahen Osten

Gefüllte Auberginen mit Bulgur auf türkische Art

Vorbereitungszeit: 10 Minuten
Zubereitungszeit: 30 Minuten + ca. 20 Minuten Garzeit

Zutaten für 4 Portionen

2 Auberginen (à ca. 320 g)
1–2 EL Olivenöl + etwas zum Bestreichen
170 g Bulgur (oder Quinoa, falls glutenfrei erwünscht)
2 Zwiebeln, gewürfelt
2 Knoblauchzehen, gehackt
1 TL gemahlener Kreuzkümmel
¼ TL gemahlene Kurkuma
1 ½ EL Tomatenmark
1 rote Paprika, gewürfelt
50 g Walnusskerne, gehackt
1 Dose gehackte Tomaten (400 g)
2 EL Ajvar
180 ml Gemüsebrühe
1 Dose Kichererbsen (240 g Abtropfgewicht), abgebraust und abgetropft
½ Bund Petersilie, grob gehackt
Salz
gemahlener schwarzer Pfeffer
1 TL Chilipulver (oder nach Geschmack)
einige Spritzer Zitronensaft (nach Geschmack)

Nach Belieben zum Toppen
veganer Feta
Granatapfelkerne
Minzeblätter
Sesamsamen

Zum Servieren
1 Rezeptmenge Zaziki (siehe Seite 51)
Oliven (nach Belieben)

1 Den Backofen auf 180 °C Ober-/Unterhitze vorheizen. Die **Auberginen** längs halbieren und die Schnittflächen kreuzweise einritzen. Mit etwas **Öl** bepinseln, mit den Schnittseiten nach unten auf ein mit Backpapier ausgelegtes Backblech geben und im vorgeheizten Ofen etwa 30 Minuten backen, bis das Innere gar ist. 2 Inzwischen den **Bulgur** (oder **Quinoa)** in ein feinmaschiges Sieb geben, gut abbrausen und abtropfen lassen. 3 1–2 EL **Öl** in einer Pfanne erhitzen und die **Zwiebeln** darin 2–3 Minuten andünsten. **Knoblauch** dazugeben und 30 Sekunden mitrösten. **Kreuzkümmel, Kurkuma** und **Tomatenmark** hinzufügen und alles gut vermengen. Die **Paprika** hineingeben und kurz anschwitzen. Dann gehackte **Walnüsse** und Bulgur (oder Quinoa) einrühren und kurz anrösten. **Tomaten, Ajvar** und **Gemüsebrühe** unterrühren und 15 Minuten bei schwacher Hitze abgedeckt köcheln lassen. 4 Die fertig gebackenen Auberginen aus dem Ofen nehmen und etwa 5 Minuten abkühlen lassen. Danach etwas aushöhlen, aber nicht komplett, sodass am Rand noch genug Auberginenfleisch übrig bleibt, um die Füllung zu halten. Dann das Fruchtfleisch fein würfeln. 5 Die Auberginenwürfel mit abgetropften **Kichererbsen** und **Petersilie** zur Bulgurmischung in die Pfanne geben und mit **Salz, Pfeffer** und **Chilipulver** abschmecken. Die Pfanne wieder abdecken und noch 5 Minuten ziehen lassen. 6 Den Kichererbsenbulgur in die ausgehöhlten Auberginen füllen und nach Belieben mit veganem **Feta, Granatapfelkernen, Minze** und **Sesam** toppen. 7 Nach Geschmack mit einem Spritzer **Zitronensaft** beträufeln und mit **Zaziki** sowie, falls gewünscht, **Oliven** servieren. Guten Appetit!

Tipps • Wer möchte, kann die gefüllten Auberginen vor dem Servieren noch mal 10 Minuten in den Ofen stellen. • Aufbewahrung: Restliche Bulgurfüllung kann in einem luftdicht schließenden Behälter bis zu 1 Woche im Kühlschrank aufbewahrt und kalt oder warm als Beilage zu anderen Gerichten serviert werden. Die gefüllten Auberginen halten sich etwa 3 Tage im Kühlschrank. Zum Einfrieren eignen sie sich aber nicht so gut.

Nährwerte pro Portion: 479 kcal (F 20 g · KH 53 g · EW 16 g)
frei von raffiniertem Zucker, optional glutenfrei (mit Quinoa statt Bulgur)

Tofu-Tikka-Masala

Vorbereitungszeit: 10 Minuten
Zubereitungszeit: 15 Minuten + 5 Minuten Garzeit

Zutaten für 4 Portionen

400 g Tofu Natur
2 EL Garam Masala
2 EL Speisestärke
250 g Basmatireis
Salz
3 EL Kokosöl (oder anderes Pflanzenöl)
1 große rote Zwiebel, gewürfelt
4 Knoblauchzehen, gehackt
1 EL gehackter Ingwer
1 TL gemahlene Kurkuma (optional)
1 TL edelsüßes Paprikapulver
1 TL Chilipulver (oder Sriracha nach Geschmack)
400 g gehackte Tomaten aus der Dose
160 ml Kokosmilch
gemahlener schwarzer Pfeffer

Nach Belieben zum Garnieren
Koriandergrün oder Petersilie
helle oder schwarze Sesamsamen

Nach Belieben zum Servieren
Pfannenbrote ohne Hefe (siehe Seite 16) oder Fladenbrot

Nährwerte pro Portion: 585 kcal (F 24 g · KH 70 g · EW 20 g)
frei von raffiniertem Zucker, glutenfrei

1 **Tofu** mit Küchenpapier trocken pressen und in Würfel schneiden. Dann in eine Schüssel geben und mit 1 EL **Garam Masala** und **Speisestärke** vermengen. 2 Den **Reis** in **Salzwasser** nach Packungsanweisung gar kochen. 3 Währenddessen 1–2 EL **Kokosöl** in einer Pfanne erhitzen und den Tofu darin rundum goldbraun und knusprig braten. Anschließend herausnehmen und beiseitestellen. 4 Das restliche **Kokosöl** in der Pfanne erhitzen und die **Zwiebeln** darin 2–3 Minuten anbraten. Dann **Knoblauch** und **Ingwer** dazugeben und 1 weitere Minute rösten. Nun restliches **Garam Masala, Kurkuma, Paprika-** und **Chilipulver** hinzufügen und kurz mitrösten. 5 **Tomaten, Kokosmilch,** etwas **Salz** und **Pfeffer** dazugeben und bei geringer Hitze etwa 5 Minuten abgedeckt köcheln lassen. Die Sauce abschmecken und nach Belieben cremig pürieren. Den Tofu unterrühren und das Curry kurz ziehen lassen. 6 Nun den Reis mit dem Curry in Schalen anrichten und nach Belieben mit **Koriander** oder **Petersilie** und **Sesam** garnieren. Wer möchte, kann **Pfannenbrote** oder **Fladenbrot** dazu reichen. Guten Appetit!

Tipp ● Für einen noch intensiveren Geschmack zusätzlich 1–2 EL Tomatenmark oder Ajvar und 1 EL Zucker oder Sirup zum Curry geben.

Region: Britisch-Indien

Pfannenbrote ohne Hefe

Vorbereitungszeit: 5 Minuten + 10 Minuten Ruhezeit
Zubereitungszeit: 10 Minuten + ca. 20 Minuten Ausbackzeit

Zutaten für 8 Pfannenbrote

Pfannenbrote

300 g Weizenmehl Type 405 oder Dinkelmehl Type 630 (oder glutenfreies Mehl) + etwas mehr bei Bedarf
2 TL Backpulver
½ TL Natron
½ TL Salz
80 g Sojaquark Natur „Skyr-Style" (oder veganer Joghurt; siehe Tipps)
1 EL Olivenöl (oder anderes Pflanzenöl) + etwas mehr zum Ausbacken
1 TL Apfelessig (oder anderer Essig oder Zitronensaft)

Knoblauchdip

160 g Sojajoghurt Natur (oder anderer veganer Joghurt)
3–4 EL Mayonnaise (siehe Seite 96 oder veganes Fertigprodukt)
1–2 Knoblauchzehen, gepresst
2 EL fein gehackte Petersilie
1 Spritzer Zitronensaft
Salz
gemahlener schwarzer Pfeffer

Nach Belieben zum Garnieren

Petersilie
Sesamsamen

1 Für die Pfannenbrote **Mehl, Backpulver, Natron** und **Salz** in einer Schüssel vermischen. 2 In der Mitte eine Mulde formen. 120 ml Wasser, **Sojaquark, Öl** und **Apfelessig** hinzugeben. Zunächst mit einem Holzlöffel vermengen, danach mit den Händen weiterkneten, bis ein luftiger Teig entsteht (bei Bedarf kann man etwas mehr Mehl zugeben, aber der Teig darf nicht zu trocken werden, sonst wird das Brot härter). 3 Den Teig abdecken und 10 Minuten ruhen lassen. Anschließend in acht Portionen teilen und zu kleinen Fladen formen. 4 Eine beschichtete Pfanne auf mittlerer Stufe erhitzen und mit etwas **Öl** bepinseln. 5 Die Fladenbrote darin portionsweise etwa 5 Minuten pro Seite ausbacken. 6 Währenddessen für den Knoblauchdip alle **Zutaten** verrühren. 7 Die Pfannenbrote nach Belieben mit etwas **Petersilie** und **Sesam** bestreuen und mit dem Dip als Vorspeise oder zu anderen Gerichten als Beilage servieren.

Tipps • Aufbewahren: Die Brote mit etwas Wasser besprühen oder in ein feuchtes Küchentuch wickeln, damit sie länger weich und biegsam bleiben. • Mehl: Anstelle von Weizen- oder Dinkelmehl kann man eine glutenfreie Mehlmischung 1:1 verwenden. • Sojaquark: Ich nehme immer „Skyr-Style" ungesüßt. Dieser ist fester als Joghurt und hat eine ähnliche Konsistenz wie Seidentofu. Für die Pfannenbrote kann man aber auch 120 g ungesüßten Pflanzenjoghurt (Marke nach Belieben) und nur 80 ml Wasser nehmen, um ein ähnliches Ergebnis zu erhalten. • Du kannst auch vier große Pfannenbrote backen, zum Beispiel für Pilz-Gyros (siehe Seite 48).

Nährwerte pro Portion: 192 kcal (F 6 g · KH 28 g · EW 6 g)
frei von raffiniertem Zucker, optional glutenfrei (mit glutenfreiem Mehl)

Quinoa-Gemüse-Pfanne mit Kichererbsen

Vorbereitungszeit: 10 Minuten
Zubereitungszeit: 20 Minuten

Zutaten für 4 Portionen
150 g Quinoa
300 ml Gemüsebrühe
2 EL Olivenöl (oder Kokos-, Raps- oder Sesamöl)
1 rote Zwiebel, gewürfelt
1 große Karotte, gewürfelt
1 rote Paprika, gewürfelt
80 g Lauch, in Ringe geschnitten (oder 1 weiße Zwiebel)
1 mittelgroße Zucchini, gewürfelt
3 Knoblauchzehen, gehackt
1 EL geriebener Ingwer
¼ rote Chilischote, gehackt
2 TL Ras el-Hanout (oder mehr nach Geschmack)
1 TL edelsüßes Paprikapulver
1 TL gemahlener Kreuzkümmel
Salz
gemahlener schwarzer Pfeffer
200 g Kirschtomaten, halbiert (oder gehackte normale Tomaten oder aus der Dose)
200 g Kichererbsen aus der Dose, abgebraust, abgetropft
100 g TK-Erbsen, aufgetaut
Nach Belieben zum Toppen
50 g geröstete Cashewkerne
Petersilie oder Koriandergrün
Minzeblätter
Granatapfelkerne
Sesamsamen
Limettensaft
Raita (siehe Seite 27)

1 Die **Quinoa** in ein feinmaschiges Sieb geben und unter fließendem Wasser gründlich abbrausen. In einen Topf geben, die **Gemüsebrühe** hinzugießen und zum Kochen bringen. Den Deckel aufsetzen und bei schwacher Hitze etwa 15 Minuten köcheln lassen. 2 Währenddessen das **Öl** in einer Pfanne erhitzen. **Zwiebeln, Karotten** und **Paprika** sowie **Lauch** hinzufügen und etwa 3 Minuten anbraten. 3 Dann die **Zucchini** dazugeben und weitere 5 Minuten anbraten, bis das Gemüse leicht gebräunt und zart ist. 4 Nun **Knoblauch** und **Ingwer** einrühren und 1 weitere Minute anbraten. Dann **Chili, Ras el-Hanout, Paprikapulver** und **Kreuzkümmel** unterrühren und kurz mitrösten. Mit **Salz** und **Pfeffer** abschmecken. 5 Zum Schluss **Tomaten, Kichererbsen, Erbsen** und gegarte Quinoa hinzugeben. Ein wenig Wasser in die Pfanne gießen (damit nichts anbrennt) und 5 Minuten bei geringer Hitze abgedeckt ziehen lassen. 6 Die Quinoa-Gemüse-Pfanne auf Teller geben, nach Belieben mit gerösteten **Cashews,** gehackter **Petersilie** oder **Koriander, Minze, Granatapfelkernen** und **Sesam** garnieren. Nach Belieben je einen Spritzer **Limettensaft** darüberträufeln und mit **Raita** servieren. Guten Appetit!

Tipps • Quinoa: Stattdessen kann man auch Hirse nehmen oder auch Couscous oder Bulgur, wenn es nicht glutenfrei sein soll. Für die Zubereitung immer die Packungsanweisung beachten. • Gemüse: Die Gemüsesorten lassen sich beliebig durch andere austauschen. • Gewürze: Anstelle von Ras el-Hanout kann man auch andere Gewürze wie Currypulver oder Harissa nehmen oder eine eigene Mischung herstellen. Wer mag, fügt noch Tomatenmark oder Ajvar hinzu.

Nährwerte pro Portion: 359 kcal (F 12 g · KH 46 g · EW 13 g)
frei von raffiniertem Zucker, glutenfrei

Lahmacun – türkische Pizza

Vorbereitungszeit: 25 Minuten + ca. 70 Minuten Ruhezeit + ca. 10 Minuten Einweichzeit
Zubereitungszeit: 10 Minuten + 10–15 Minuten Backzeit

Zutaten für 4–6 Lahmacuns

Hefeteig
3 ½ g Trockenhefe
1 TL Zucker
1 EL Olivenöl + etwas mehr zum Einfetten, Bestreichen und Braten
60 g Sojajoghurt Natur
½ TL Salz
300 g Weizenmehl Type 405 oder Dinkelmehl Type 630 (oder glutenfreies Mehl) + etwas mehr zum Bestäuben

Belag
1 Pck. Sonnenblumen-Hack (76 g)
240 ml heiße Gemüsebrühe (zum Einweichen)
2–3 EL Olivenöl
1 Zwiebel, fein gewürfelt
2 Knoblauchzehen, gepresst
2 EL Tomatenmark
2 EL Ajvar oder Paprikapaste
1–2 Tomaten, fein gewürfelt, abgetropft
1 rote Paprika, fein gewürfelt
½ Bund Petersilie, fein gehackt
Salz
gemahlener schwarzer Pfeffer
½ TL Chilipulver (optional, nach Geschmack)

Hefeteig ① 120 ml handwarmes Wasser, **Hefe** und **Zucker** in einer großen Schüssel verrühren und etwa 10 Minuten ruhen lassen, bis die Mischung anfängt zu schäumen. ② **Öl, Sojajoghurt, Salz** und **Mehl** hinzufügen und alles mit einem Holzlöffel oder einer Gabel vermischen. Auf eine leicht **bemehlte** Arbeitsfläche geben und mit den Händen 5–10 Minuten kneten, bis ein glatter weicher Teig entsteht. (Alternativ kann man auch die Küchenmaschine mit Knethaken verwenden.) ③ Den Teig in eine leicht **eingefettete** Schüssel legen. Mit einem feuchten Küchentuch oder Frischhaltefolie abdecken und an einem warmen Ort etwa 60 Minuten gehen lassen, bis sich das Teigvolumen verdoppelt hat.

Belag ① In der Zwischenzeit das **Sonnenblumen-Hack** in eine Schüssel geben. Die heiße **Gemüsebrühe** darübergießen und etwa 10 Minuten einweichen. Anschließend in ein feinmaschiges Sieb geben, gut abtropfen lassen und überschüssige Flüssigkeit mit den Händen gut ausdrücken. (Wenn man – siehe Tipps – Tofu oder eine fertige vegane Hackfleischalternative verwendet, kann man diesen Schritt überspringen.) ② Das vegane Hack in eine Schüssel geben und **Öl, Zwiebeln, Knoblauch, Tomatenmark, Ajvar, Tomaten, Paprika** und **Petersilie** hinzufügen. Alles verrühren und mit **Salz, Pfeffer** und **Chili** würzen. (Für mehr Geschmack kann man Gemüse und Hack auch kurz in Öl anbraten, bevor es mit den anderen Zutaten vermengt wird.) Abdecken und so lange in den Kühlschrank stellen, bis der Teig fertig ist.

Teig vorbereiten ① Sobald sich das Volumen des Hefeteigs verdoppelt hat, nochmals kurz durchkneten und in vier bis sechs gleich große Stücke teilen (oder weniger oder mehr, je nachdem, ob man größere oder kleinere Lahmacuns zubereiten möchte). ② Die Teigstücke zu Bällchen formen, mit einem Küchentuch oder Frischhaltefolie abdecken und weitere 15 Minuten gehen lassen. ③ In der Zwischenzeit den Backofen auf 200 °C Umluft vorheizen und zwei Backbleche mit Backpapier auslegen.

Fortsetzung auf Folgeseite ▶

Fortsetzung

Lahmacun – türkische Pizza

Nach Belieben zum Garnieren
rote Zwiebelringe
Kalamata-Oliven
halbierte Kirschtomaten
frische Kräuter
Limetten- oder Zitronensaft
Nach Belieben zum Servieren
Zaziki (siehe Seite 51; oder veganer Joghurt Natur)
frischer Salat als Beilage

Nährwerte bei 4 Portionen
pro Portion: 522 kcal
(F 18 g · KH 68 g · EW 22 g)
frei von raffiniertem Zucker, optional glutenfrei (mit glutenfreiem Mehl)

Lahmacuns belegen und backen ❶ Die Arbeitsfläche mit etwas **Mehl** bestäuben und die Teigportionen je nach gewünschter Form zu ovalen oder runden Fladen ausrollen. Dann auf die vorbereiteten Backbleche legen. Den Belag auf den Teigfladen verteilen und die Ränder nach Belieben mit etwas **Öl** bepinseln. ❷ Im vorgeheizten Ofen 10–15 Minuten backen – je länger sie backen, desto knuspriger werden sie. Wenn man den Teig weicher haben möchte, sollte man sie nicht zu lange backen. ❸ Nach Belieben die Lahmacuns mit **roten Zwiebeln, Kalamata-Oliven, Kirschtomaten** und frischen **Kräutern** belegen. Mit je einem Spritzer **Limetten-** oder **Zitronensaft** beträufeln und nach Belieben mit **Zaziki** oder **Joghurt** und frischem **Salat** als Beilage servieren.

Tipps • Mehl: Für glutenfreie Lahmacuns kann man das Weizenmehl durch eine glutenfreie Mehlmischung 1:1 ersetzen. • Joghurt: Man kann jeden beliebigen ungesüßten (pflanzlichen) Joghurt verwenden. Alternativ kann man den Joghurt durch pflanzliche Sahne oder Kokoscreme ersetzen. Hierfür eine Dose vollfette Kokosmilch über Nacht in den Kühlschrank stellen. Am nächsten Tag den festen cremigen Anteil, der sich oben abgesetzt hat, abschöpfen (das ist die Kokoscreme). • Veganes Hack: Alternativ kannst du das Sonnenblumen-Hack durch Sojagranulat oder 200 g festen Tofu Natur (gepresst, dann zerbröselt) oder durch jede andere vegane Hackfleischalternative ersetzen. Auch gekochte Linsen, grob gestampfte Bohnen aus der Dose oder andere Hülsenfrüchte sind eine Option. • Man kann die Lahmacuns auch mit veganen Falafeln füllen und als Wrap servieren oder als Döner mit BBQ Pulled Jackfruit als ein sättigendes Hauptgericht zubereiten.

Indische Samosas

Vorbereitungszeit: 30 Minuten + 60 Minuten Ruhezeit + 10 Minuten Garzeit
Zubereitungszeit: 20 Minuten

Zutaten für 16 Samosas

Teig

250 g Weizenmehl Type 405 + etwas mehr zum Bestäuben
1 TL Salz
4 EL Biobratöl (oder Raps- oder Sonnenblumenöl)

Füllung

300 g mehligkochende Kartoffeln, geschält, gewürfelt
Salz
1 EL Biobratöl (oder Raps- oder Sonnenblumenöl)
1 Zwiebel, gehackt
2 Knoblauchzehen, gehackt
2 TL geriebener Ingwer
1 EL Currypulver
1 TL gemahlener Kreuzkümmel
1 TL edelsüßes Paprikapulver (oder Chilipulver nach Geschmack)
1 TL gemahlene Kurkuma (optional)
80 g TK-Erbsen, aufgetaut
80 g rote oder grüne Paprika, fein gehackt
gemahlener schwarzer Pfeffer

Teig (1) **Mehl** und **Salz** in einer Schüssel vermischen. 100 ml kaltes Wasser und **Bratöl** hineingeben und mit einem Stäbchen verrühren, bis das Mehl die Flüssigkeit aufgenommen hat. Die Teigstücke mit den Händen zusammendrücken, dann auf die Arbeitsfläche geben und 3–4 Minuten kneten, bis ein glatter und weicher Teig entsteht. Zum Schluss den Teig halbieren, zu zwei Kugeln formen, jeweils fest in Frischhaltefolie wickeln und 60 Minuten zum Ruhen in den Kühlschrank legen.

Füllung (1) In der Zwischenzeit die gewürfelten **Kartoffeln** in einen Topf mit **Salzwasser** geben, zum Kochen bringen und etwa 10 Minuten kochen, bis sie gar sind. Anschließend abgießen, gut abtropfen lassen und restliche Feuchtigkeit verdampfen lassen. Dann in eine Schüssel geben und mit einem Kartoffelstampfer oder einer Gabel grob zerdrücken. Zum Abkühlen beiseitestellen. (2) In einer großen Pfanne das **Öl** erhitzen und die **Zwiebeln** darin 2–3 Minuten anbraten, bis sie leicht gebräunt sind. **Knoblauch, Ingwer, Currypulver, Kreuzkümmel, Paprikapulver** und **Kurkuma** zugeben und weitere 30 Sekunden mitbraten, damit sich die Aromen entfalten können. Beiseitestellen. (3) Sobald die Kartoffeln auf Raumtemperatur abgekühlt sind, Zwiebelmischung, **Erbsen** und **Paprika** dazugeben, alles gut vermengen, mit ½–1 TL **Salz** und etwas **Pfeffer** würzen und beiseitestellen.

Samosas falten (1) Nach der Ruhezeit eine Teigportion aus dem Kühlschrank nehmen, in acht Stücke schneiden und zu Kugeln formen. Jeweils nur mit einer kleinen Teigkugel arbeiten und währenddessen die restlichen Kugeln mit einem feuchten Küchentuch abdecken, damit sie nicht austrocknen. (2) Auf einer leicht **bemehlten** Arbeitsfläche eine k eine Teigkugel zu einem etwa 15 cm großen Kreis ausrollen. Danach in der Mitte durchschneiden, um zwei Halbmondformen zu erhalten. (3) Je 1–2 EL Füllung zu einer Dreiecksform zusammendrücken und auf den Teig geben. Die äußeren Teigränder mit etwas Wasser bestreichen und dann eine Seite des Teigs über

Fortsetzung auf Folgeseite ▶

Fortsetzung

Indische Samosas

Zum Frittieren
480 ml Biobratöl (oder Raps- oder Sonnenblumenöl)
Nach Belieben zum Garnieren
helle oder schwarze Sesamsamen
Minze
Nach Belieben zum Servieren
Raita (siehe Seite 27) oder Guacamole (siehe Seite 99) oder ein anderer Dip nach Wahl

Nährwerte pro Stück: 164 kcal
(F 10 g · KH 16 g · EW 3 g)
frei von raffiniertem Zucker

und um die Füllung herum falten, sodass eine Dreiecksform entsteht. Die Ränder zusammendrücken, um die Samosas gut zu versiegeln. Fertige Samosas nebeneinander auf ein Holzbrett legen (dabei zwischen den einzelnen Samosas genügend Platz lassen, damit sie nicht aneinanderkleben), während der Rest vorbereitet wird. (4) Wenn alle Kugeln zu Samosas gefaltet sind, die zweite Teigportion aus dem Kühlschrank nehmen und auf die gleiche Weise weitere Samosas falten.

Samosas frittieren (1) Zum Frittieren das **Bratöl** in einem Topf oder einer tiefen Pfanne auf 160–170 °C erhitzen. Sobald das Öl heiß ist, vorsichtig die Samosas portionsweise hineingeben und frittieren, bis sie goldbraun und knusprig sind (den Topf nicht zu voll machen). (2) Aus dem Öl heben und auf Küchenpapier legen, damit überschüssiges Öl aufgesaugt wird. (3) Die heißen Samosas nach Belieben mit **Sesam** bestreuen, mit **Minze** garnieren und mit **Raita, Guacamole** oder einem anderen Dip nach Wahl servieren.

Tipps • Anstatt die Samosas zu frittieren, kannst du sie auch mit Öl bestreichen und im Backofen bei 200 °C Ober-/Unterhitze etwa 20 Minuten backen. • Da der Teig dazu neigt, schnell auszutrocknen, solltest du ihn während der Zubereitung immer abdecken oder in Frischhaltefolie eingewickelt im Kühlschrank ruhen lassen, wenn du später weitermachen möchtest. • Unfrittierte Samosas können auch eingefroren werden: Mit genügend Abstand nebeneinander auf ein Backblech oder Holzbrett legen und zunächst 1–2 Stunden gefrieren. Sobald sie angefroren sind, in einen Gefrierbeutel umfüllen, um Platz zu sparen. Bei Bedarf einfach herausnehmen, gemäß Rezept im heißen Öl frittieren oder im Backofen backen (kein Auftauen notwendig). Ich empfehle jedoch, das Öl etwas mehr zu erhitzen, da gefrorene Samosas die Öltemperatur sehr schnell senken können.

Raita

Zubereitungszeit: 10 Minuten

Zutaten für 4 Portionen

½ mittelgroße Gurke (ungeschält)
Salz
350 g veganer Joghurt Natur
2 Knoblauchzehen, gepresst
1 TL geriebener Ingwer (optional nach Geschmack)
⅓ Bund Koriandergrün (oder Petersilie), fein gehackt
1 Handvoll Minze, fein gehackt, + etwas mehr zum Garnieren
⅓ TL gemahlener Kreuzkümmel (oder nach Geschmack)
1–2 EL Limettensaft (oder Zitronensaft; optional)
½ TL gemahlener schwarzer Pfeffer (oder nach Geschmack)

Nährwerte pro Portion: 57 kcal (F 3 g · KH 6 g · EW 4 g)
frei von raffiniertem Zucker, glutenfrei

❶ Die **Gurke** in eine Schüssel reiben. Mit 1 TL **Salz** bestreuen und 5 Minuten ziehen lassen. Dann in ein feinmaschiges Sieb geben, abtropfen lassen und die überschüssige Flüssigkeit mit den Händen ausdrücken. Beiseitestellen. ❷ Den veganen **Joghurt** in eine andere Schüssel geben. Dann ausgedrückte Gurkenraspel, gepressten **Knoblauch,** geriebenen **Ingwer** (falls verwendet), gehackten **Koriander** oder **Petersilie** und gehackte **Minze** dazugeben und alles verrühren. Nach Geschmack mit **Kreuzkümmel, Limetten-** oder **Zitronensaft** würzen und mit **Salz** und **Pfeffer** abschmecken. Abgedeckt im Kühlschrank ziehen lassen oder sofort servieren. ❸ Mit **Minzeblättern** garnieren und als Dip oder Sauce servieren.

Tipps ● Raita passt zum Beispiel super zu indischen Samosas (siehe Seite 23) oder zur Quinoa-Gemüse-Pfanne mit Kichererbsen (siehe Seite 19). ● Joghurt: Ich empfehle, einen ungesüßten Soja- oder Kokosjoghurt zu nehmen, der eine dicke Konsistenz hat. Wenn du jedoch keinen dicken veganen Joghurt bekommst, kannst du auch etwas Sojaquark, Seidentofu oder veganen Schmand oder Frischkäse untermischen, um eine dickere Konsistenz zu erhalten. Für mehr Cremigkeit kannst du auch etwas Kokoscreme (Tipp siehe Seite 22) oder Cashewmus oder Tahini unterrühren. Wenn du die Raita eher flüssiger magst, nimm ganz normalen veganen Joghurt. ● Aufbewahrung: Restliche Raita kann abgedeckt bis zu 3–4 Tage im Kühlschrank aufbewahrt werden.

Türkische Gözleme

Vorbereitungszeit: 40 Minuten
Zubereitungszeit: 20 Minuten

Zutaten für 4 Gözleme

Teig

300 g Weizenmehl Type 405 oder Dinkelmehl Type 630 (oder glutenfreies Mehl) + etwas mehr zum Bestäuben
1 TL Salz
1 EL Öl + etwas mehr zum Ausbacken

Füllung

1 Pck. Sonnenblumen-Hack (76 g)
240 ml heiße Gemüsebrühe zum Einweichen
2 EL Olivenöl
2 Zwiebeln, fein gehackt
3 Knoblauchzehen, gehackt
1 rote Paprika, gehackt
2 EL Tomatenmark
1 ½ TL gemahlener Kreuzkümmel
1 ½ TL edelsüßes Paprikapulver
½ TL fein gehackte rote Chili (nach Geschmack)
½ TL Salz (oder mehr nach Geschmack)
½ TL gemahlener schwarzer Pfeffer (oder mehr nach Geschmack)
½ Bund frische Petersilie, fein gehackt
60 g Spinat, grob gehackt
120 g veganer Feta
4 EL geriebener veganer Käse (optional zum Bestreuen)

Teig ① **Mehl** und **Salz** in einer großen Rührschüssel vermengen. **Öl** und 150 ml Wasser hinzufügen und mit einem Kochlöffel oder einer Gabel verrühren, bis das gesamte Wasser aufgenommen wurde. ② Mit den Händen verkneten, bis die Mehlklumpen zusammenhalten (bei Bedarf noch 1–2 EL Wasser hinzugeben). Den Teig auf die Arbeitsfläche geben und weiterkneten, bis ein glatter, elastischer Teig entsteht (das dauert 3–5 Minuten). ③ Dann in Frischhaltefolie einwickeln oder zurück in die Schüssel legen, mit einem feuchten Küchentuch abdecken und beiseitestellen.

Füllung ① Das **Sonnenblumen-Hack** in eine Schüssel geben, mit der **Gemüsebrühe** begießen und 5–10 Minuten einweichen. Dann in ein feinmaschiges Sieb geben, gut abtropfen lassen und überschüssige Flüssigkeit ausdrücken. (Wenn man, siehe Tipps, Tofu oder eine fertige vegane Hackfleischalternative verwendet, kann man diesen Schritt überspringen.) ② Inzwischen das **Öl** in einer Pfanne erhitzen und die **Zwiebeln** darin etwa 3 Minuten anbraten. Dann den **Knoblauch** dazugeben und 1 weitere Minute mitbraten. **Paprika, Tomatenmark, Kreuzkümmel, Paprikapulver, Chili, Salz** und **Pfeffer** zugeben, alles verrühren und kurz weiterbraten. ③ Sonnenblumen-Hack, **Petersilie** und gehackten **Spinat** unterrühren. Die Pfanne abdecken, vom Herd nehmen und kurz ziehen lassen, damit sich die Aromen verbinden. Zuletzt den veganen **Feta** zerbröseln und untermischen. Abschmecken und bei Bedarf nachwürzen. (Die Füllung schmeckt am nächsten Tag noch besser. Wer sie vorbereiten möchte, kann sie in eine Schüssel füllen und abgedeckt bis zur Verwendung in den Kühlschrank stellen.)

Gözleme füllen ① Den Teig in vier gleich große Stücke teilen (oder mehr, wenn man kleinere Gözleme machen möchte) und zu Bällchen formen. ② Einen Teigball (restliche Teigstücke abdecken, damit sie nicht austrocknen) mit einem Nudelholz auf einer leicht **bemehlten** Arbeitsfläche zu einem dünnen großen Kreis ausrollen. Etwa ein Viertel der Füllung auf einer Hälfte des Kreises verteilen, dabei einen etwa 1–1,5 cm Rand

Fortsetzung auf Folgeseite ▶

Fortsetzung

Türkische Gözleme

Nach Belieben zum Servieren

Dip nach Wahl (z. B. Zaziki (siehe Seite 51), Kräuterdip oder Aioli (siehe Seite 96), Knoblauchdip (siehe Seite 16), Guacamole (siehe Seite 99) oder ein anderer Dip))

Nährwerte pro Portion: 599 kcal (F 23 g · KH 74 g · EW 22 g) frei von raffiniertem Zucker, optional glutenfrei (mit glutenfreiem Mehl)

lassen, und nach Belieben noch etwas veganen **Reibekäse** darüber verteilen. ③ Den Rand mit etwas Wasser befeuchten, die unbelegte Teighälfte über die Füllung falten und am Rand gut festdrücken. ④ Diesen Vorgang mit den restlichen Teigstücken wiederholen.

Gözleme ausbacken ① Etwas **Öl** in einer großen Pfanne auf mittlerer Stufe erhitzen. ② Ein oder zwei gefüllte Gözleme in die Pfanne legen und goldbraun ausbacken, dabei mit einem Pfannenwender leicht auf die Ränder drücken, damit die Gözleme gleichmäßig bräunen. Danach wenden und auch von der anderen Seite knusprig ausbacken. ③ Die Gözleme auf ein Küchengitter legen, damit sie knusprig bleiben, während man den Rest zubereitet. ④ Die Gözleme mit einem **Dip** nach Wahl servieren.

Tipps • Wenn man Dinkelmehl, Vollkornmehl oder glutenfreies Mehl verwenden möchte, muss man möglicherweise die Wassermenge anpassen, da verschiedene Mehlsorten unterschiedlich viel Flüssigkeit aufnehmen. Am besten mit der im Rezept angegebenen Wassermenge beginnen und dann esslöffelweise Wasser hinzufügen. Der Teig sollte am Ende glatt und elastisch und nicht klebrig oder bröckelig sein. • Veganes Hack: Alternativ kannst du das Sonnenblumen-Hack durch Sojagranulat oder 200 g festen Tofu Natur (gepresst, dann zerbröselt) oder durch jede andere vegane Hackfleischalternative nach Packungsanweisung zubereiten und ersetzen. Auch fein gehackte gebratene Pilze, grob gestampfte Bohnen aus der Dose oder andere Hülsenfrüchte sind ein guter veganer Fleischersatz.

Baklava

Vorbereitungszeit: 10 Minuten
Zubereitungszeit: 30 Minuten + ca. 25 Minuten Backzeit + mind. 45 Minuten Abkühlzeit

Zutaten für 80 Stücke

Baklava
275 g gemischte Nüsse (z. B. Walnüsse, Mandeln, Haselnüsse, Pistazien)
1 EL gemahlener Zimt
25 g Rohrohrzucker
etwas Öl zum Einfetten
180 g Pflanzenmargarine
1 Pck. Filoteig (Yufkateig; ca. 480 g, ca. 20 Blätter)

Sirup
160 g Rohrohrzucker
80 ml Ahornsirup
1 TL Vanilleextrakt (optional)
Saft von ½ Zitrone

Zum Garnieren
2–3 EL gehackte Pistazienkerne

Außerdem
runde Backform (Ø 28 cm) oder eine ähnlich große eckige Form

Nährwerte pro Stück: 76 kcal
(F 5 g · KH 7 g · EW 1 g)

Baklava (1) Die **Nüsse** in der Küchenmaschine grob mahlen und mit **Zimt** und **Rohrohrzucker** vermischen. (2) Den Backofen auf 200 °C Ober-/Unterhitze (oder 180 °C Umluft) vorheizen. Die Backform mit etwas **Öl** auspinseln und beiseitestellen. (3) Die **Pflanzenmargarine** in einem Topf langsam schmelzen und warm halten. (4) Die **Filoteigblätter** mit einem scharfen Messer auf die Backformgröße zuschneiden. Dann in ein feuchtes Küchentuch wickeln, damit der Teig nicht austrocknet. (5) Ein Filoteigblatt in die vorbereitete Backform legen und mit geschmolzener Margarine bepinseln, jedoch nicht zu dick. Diesen Vorgang mit weiteren vier Teigblättern wiederholen, sodass fünf Schichten entstehen. Dann ein Drittel der Nussmischung gleichmäßig darauf verteilen. (6) Jetzt wieder fünf Teigblätter hineinschichten, dabei jedes Teigblatt mit Margarine bepinseln. Dann wieder ein Drittel der Nussmischung daraufgeben und diesen Vorgang noch mal wiederholen. (Abgeschnittene Teigreste können nebeneinandergelegt und mit eingearbeitet werden, sodass man nichts wegwerfen muss.) (7) Zum Schluss die restlichen fünf Teigblätter mit Margarine bepinselt darauflegen und die Baklava mit einem scharfen Messer zu einem Rautenmuster oder zu Rechtecken schneiden. Mit der restlichen Margarine bestreichen und im vorgeheizten Ofen etwa 25 Minuten goldgelb backen.

Fortsetzung auf Folgeseite ▶

Fortsetzung

Baklava

Sirup (1) In der Zwischenzeit 120 ml Wasser mit **Rohrohrzucker, Ahornsirup** und **Vanilleextrakt,** falls verwendet, aufkochen und etwa 10 Minuten köcheln lassen. Den **Zitronensaft** unterrühren und den Sirup etwas abkühlen lassen. (2) Sobald die Baklava fertig gebacken ist, aus dem Ofen nehmen, etwa 5 Minuten abkühlen lassen und dann den Sirup gleichmäßig darübergießen. Mindestens 45 Minuten ziehen und abkühlen lassen und dann mit dem Messer erneut bis zum Boden der Backform einschneiden. (3) Baklava mit gehackten **Pistazien** garnieren und servieren. Guten Appetit!

Tipps • Aufbewahrung: Restliche Baklava kannst du bis zu 1 Woche im Kühlschrank aufbewahren. Am besten nicht abdecken, sonst weicht sie durch und wird matschig. • Einfrieren: Die Baklava in einen gefriergeeigneten Behälter geben und bis zu 6 Monate einfrieren. Dann unbedeckt im Kühlschrank auftauen lassen.

Hummus

Zubereitungszeit: 8 Minuten

Zutaten für 6 Portionen

1 Dose Kichererbsen (265 g Abtropfgewicht), abgebraust, abgetropft
60 g Tahini (Sesampaste)
3 Knoblauchzehen
½ TL gemahlener Kreuzkümmel (oder mehr nach Geschmack)
½ TL Salz (oder nach Geschmack)
Saft von 1 Zitrone

Nach Belieben zum Garnieren

1–2 EL Olivenöl
Kichererbsen
edelsüßes Paprikapulver
helle oder schwarze Sesamsamen
kleine Minzeblätter

Nährwerte pro Portion: 113 kcal (F 6 g · KH 9 g · EW 5 g)
frei von raffiniertem Zucker, glutenfrei

1 Abgetropfte **Kichererbsen, Tahini, Knoblauch, Kreuzkümmel, Salz** und **Zitronensaft** in die Küchenmaschine oder den Mixer geben und cremig pürieren, dabei nach und nach etwa 80 ml Wasser bis zur gewünschten Konsistenz einarbeiten (oder den Stabmixer verwenden). Abschmecken und nach Wunsch nachwürzen. 2 Den Hummus in eine Schale geben. Nach Belieben **Olivenöl** darüberträufeln und mit **Kichererbsen, Paprikapulver, Sesam** und **Minze** garnieren.

Tipps zum Servieren ● Den Hummus als Dip mit Fladenbrot oder Pfannenbroten ohne Hefe (siehe Seite 16) zu Falafeln oder gebratenem Gemüse servieren. Oder als Aufstrich auf Bagels oder Wraps oder selbst gebackenem Dinkelbrot mit Karotten und Saaten (siehe Seite 151) genießen. Hummus passt auch super zu Pasta-Chips (siehe Seite 64).

Marokkanischer Kichererbsen-Auberginen-Eintopf

Vorbereitungszeit: 10 Minuten
Zubereitungszeit: 20 Minuten + 25 Minuten Garzeit

Zutaten für 4 Portionen

Eintopf
2–3 EL Olivenöl
1 Aubergine, gewürfelt
1 TL Salz (oder nach Geschmack)
1 Zwiebel, gehackt
3 Knoblauchzehen, gehackt
1 rote Paprika, gewürfelt
2 TL Ras el-Hanout
1 TL gemahlener Kreuzkümmel
1 Prise gemahlener Zimt
1 EL Tomatenmark
1–2 EL Harissapaste nach Geschmack (oder Ajvar für eine weniger scharfe Version)
1 Dose gehackte Tomaten (400 g)
240 ml Gemüsebrühe
1 EL Ahornsirup (oder Kokosblütenzucker)
1 Dose Kichererbsen (240 g Abtropfgewicht), abgebraust, abgetropft
½ Bund Petersilie, gehackt, + etwas mehr zum Garnieren
Saft von ½ Zitrone (oder mehr nach Geschmack)
gemahlener schwarzer Pfeffer

Couscous-Beilage
160 g Couscous

Nach Belieben zum Garnieren
Sesamsamen
Petersilie
Granatapfelkerne
Minze

(1) Für den Eintopf 1–2 EL **Öl** in einer Pfanne erhitzen. Die **Auberginenwürfel** hineingeben, mit **Salz** bestreuen und unter gelegentlichem Rühren 5–6 Minuten anbraten, bis sie leicht goldbraun sind. Einen Spritzer Wasser hinzugeben und umrühren, bis es fast verdampft ist. Dann die Pfanne abdecken und beiseitestellen. (2) In einer anderen Pfanne das restliche **Öl** erhitzen und die **Zwiebeln** darin 2–3 Minuten glasig dünsten. Den **Knoblauch** hinzufügen und weitere 30 Sekunden braten. Dann die **Paprika** dazugeben und 2–3 Minuten anbraten, bis sie anfängt, weich zu werden. (3) Nun **Ras el-Hanout, Kreuzkümmel, Zimt, Tomatenmark** und **Harissapaste** hinzufügen und unter Rühren 1 Minute anschwitzen. Dann die Auberginen in die Pfanne geben und alles vermengen. **Tomaten, Gemüsebrühe** und **Ahornsirup** hinzugeben. Den Deckel auflegen und 20 Minuten köcheln lassen. (4) **Kichererbsen, Petersilie, Zitronensaft** und etwas **Pfeffer** hinzufügen und 5 Minuten köcheln lassen, bis die Auberginen schön weich sind. (5) In der Zwischenzeit für die Beilage den **Couscous** mit 240 ml kochendem Wasser (oder Gemüsebrühe) übergießen und beiseitestellen, bis er die gesamte Flüssigkeit aufgesogen hat. (6) Zum Servieren den Kichererbsen-Auberginen-Eintopf mit Couscous auf Tellern anrichten und nach Belieben mit **Sesam, Petersilie, Granatapfelkernen** und **Minze** oder anderen gewünschten Toppings garnieren. Guten Appetit!

Tipp ● Restlichen Eintopf kannst du bis zu 1 Woche im Kühlschrank aufbewahren.

Nährwerte pro Portion: 386 kcal (F 10 g · KH 55 g · EW 14 g)
frei von raffiniertem Zucker

Baba Ganoush

Vorbereitungszeit: 5 Minuten + ca. 35 Minuten Backzeit + Abkühlzeit
Zubereitungszeit: 10 Minuten

Zutaten für 4 Portionen

2 Auberginen (insgesamt ca. 600 g)
etwas Olivenöl zum Bepinseln
4 EL Tahini (Sesampaste; 60 g)
2 Knoblauchzehen, geschält
3 EL Zitronensaft
½ TL Salz (oder nach Geschmack)
⅓ TL gemahlener schwarzer Pfeffer (oder nach Geschmack)
½ TL gemahlener Kreuzkümmel (optional)

Nach Belieben zum Garnieren
Olivenöl
Paprika- oder Chilipulver
Petersilie, gehackt
Sesamsamen
Granatapfelkerne
kleine Minzeblätter

Nach Belieben zum Servieren
Fladenbrot, Pfannenbrote ohne Hefe (siehe Seite 16) oder Cracker
gedünstetes oder gebratenes Gemüse

Nährwerte pro Portion: 152 kcal (F 11 g · KH 7 g · EW 4 g)
frei von raffiniertem Zucker, glutenfrei

1 Den Backofen auf 200 °C Ober-/Unterhitze vorheizen und ein Backblech mit Backpapier auslegen. 2 Die **Auberginen** längs halbieren. Das Fruchtfleisch mit der Messerspitze leicht rautenförmig einritzen und mit etwas **Öl** bepinseln. Mit den Schnittflächen nach unten auf das vorbereitete Backblech legen und im vorgeheizten Ofen etwa 35 Minuten backen, bis das Innere zart ist und die Haut zusammenfällt (die Backzeit kann nach Größe der Auberginen etwas variieren). 3 Anschließend einige Minuten abkühlen lassen. Dann die Auberginen umdrehen, das Fruchtfleisch mit einem großen Löffel auslösen und in die Küchenmaschine oder den Mixer geben. **Tahini, Knoblauchzehen, Zitronensaft, Salz, Pfeffer** und **Kreuzkümmel** (optional) hinzugeben und cremig pürieren. 4 In eine Schale füllen, den Auberginen-Dip nach Belieben mit **Öl** beträufeln und mit **Paprika-** oder **Chilipulver, Petersilie, Sesam, Granatapfelkernen** und **Minze** garnieren. 5 Nach Belieben mit **Fladenbrot, Pfannenbroten** oder **Crackern** und/oder mit **Gemüse** servieren.

Tipps • Aufbewahrung: Baba Ganoush kann in einem luftdicht schließenden Behälter im Kühlschrank etwa 1 Woche aufbewahrt werden. • Im Voraus zubereiten: Ich empfehle, den Dip am Vortag zuzubereiten, damit sich die Aromen besser verbinden können und er noch mehr Geschmack bekommt.

Patatas bravas
(Rezept siehe Seite 44)

Mediterran

Ich bin ein großer Fan der mediterranen Küche mit ihrer großen Vielfalt an frischem Gemüse und Kräutern.

Mediterran

Inspiriert von Gerichten aus Spanien, Italien, Griechenland und Frankreich

Patatas bravas

Vorbereitungszeit: 10 Minuten
Zubereitungszeit: 15 Minuten

Zutaten für 4 Portionen

Kartoffeln
- 1 kg vorwiegend festkochende Kartoffeln
- 1 TL Salz
- 1 TL Backpulver
- 2 EL Olivenöl
- Salz
- gemahlener schwarzer Pfeffer

Tomatensauce
- 1 Zwiebel, gewürfelt
- 1 EL Olivenöl
- 2 Knoblauchzehen, gehackt
- 1 rote Chilischote, gehackt
- 1–2 TL edelsüßes Paprikapulver
- 1 Dose stückige Tomaten (400 g)
- 1 ½ EL Apfelessig (oder anderer Essig)
- 2 TL Agavendicksaft (oder andere Süße nach Wahl)
- Salz
- gemahlener schwarzer Pfeffer

Pimientos
- 1 EL Öl zum Braten
- 300 g Pimientos
- Salz
- gemahlener schwarzer Pfeffer

Nach Belieben zum Servieren
- Petersilie, gehackt
- Aioli (siehe Seite 96)
- Guacamole (siehe Seite 99)

Kartoffeln (1) Den Backofen samt Backblech auf 220 °C Ober-/Unterhitze vorheizen. (2) Die **Kartoffeln** waschen, ungeschält in mundgerechte Stücke schneiden und in einen Topf geben. So viel Wasser angießen, bis die Kartoffeln bedeckt sind, und zum Kochen bringen. **Salz** und **Backpulver** hinzugeben, den Deckel aufsetzen und bei geringer Hitze 5–7 Minuten vorgaren. (3) Anschließend das Kochwasser abgießen und die Kartoffeln im Topf ohne Deckel kurz ausdampfen lassen. Dann **Öl,** etwas **Salz** und **Pfeffer** hinzugeben, den Deckel aufsetzen und schütteln, bis alles gut vermischt ist. (4) Die gewürzten Kartoffeln auf dem vorgeheizten Backblech verteilen und im vorgeheizten Ofen 25–30 Minuten backen.

Tomatensauce (1) Währenddessen zunächst die **Zwiebeln** im **Öl** 2–3 Minuten anbraten. Dann **Knoblauch** und **Chili** dazugeben und 1 weitere Minute braten. Das **Paprikapulver** darüberstreuen und kurz mitrösten, dann **Tomaten, Essig, Agavendicksaft,** etwas **Salz** und **Pfeffer** hinzugeben und 5 Minuten mit Deckel köcheln lassen. Anschließend die Tomatensauce im Mixer oder alternativ mit dem Stabmixer pürieren.

Pimientos (1) Für die Pimientos etwas **Öl** in einer Pfanne erhitzen, die kleinen spanischen **Paprika** darin rundum anbraten und mit **Salz** und **Pfeffer** würzen. (2) Die Patatas bravas aus dem Ofen nehmen und mit Tomatensauce sowie gebratenen Pimientos servieren. Nach Belieben mit **Petersilie** garnieren und zusätzlich **Aioli** und/oder **Guacamole** dazu reichen.

Nährwerte pro Portion: 387 kcal (F 16 g · KH 49 g · EW 7 g)
frei von raffiniertem Zucker, glutenfrei

Region: Spanien

Panzanella – italienischer Brotsalat

Vorbereitungszeit: 15 Minuten
Zubereitungszeit: 30 Minuten

Zutaten für 4 Portionen

Brotsalat
- 200 g Brot (Ciabatta oder anderes Brot, optional glutenfrei)
- 1–2 EL Olivenöl
- 1 rote Zwiebel, in feine Ringe geschnitten
- 350 g Tomaten, gewürfelt oder halbiert
- 200 g Gurke, gewürfelt oder in Scheiben geschnitten
- 1 gelbe Paprika, entkernt, gewürfelt
- 1 Bund Rucola (50 g)
- 1 EL Kapern in Lake aus dem Glas, abgetropft
- 3 EL entsteinte Oliven (Sorte nach Wahl)
- 2 EL gehackte Petersilie (nach Belieben)
- 2 EL gehacktes Basilikum
- 2–3 EL Pinienkerne

Vinaigrette
- 3–4 EL Olivenöl
- 2 EL Balsamico-Essig (oder Rotweinessig)
- 2 Knoblauchzehen, gepresst
- ½ TL Agavendicksaft (oder Ahornsirup)
- ½ EL getrocknete italienische Kräuter (z. B. eine Mischung aus Oregano, Basilikum, Thymian)
- Salz
- gemahlener schwarzer Pfeffer (nach Belieben)

Nach Belieben zum Garnieren
- veganer Mozzarella
- Basilikum

1 Für den Brotsalat das **Brot** in Würfel schneiden. Das **Öl** in einer Pfanne erhitzen und die Brotwürfel darin bei mittlerer Hitze zu krossen Croûtons rösten (oder mit dem Öl beträufeln und etwa 15 Minuten bei 180 °C Umluft im Ofen backen). **2** Für die Vinaigrette alle **Zutaten** verrühren, dabei nach Geschmack etwas **Salz** und **Pfeffer** zugeben (da die Oliven sehr salzig sind, gebe ich meist gar kein Salz hinzu). **3** Das klein geschnittene **Gemüse** mit **Rucola, Kapern, Oliven, Petersilie** und **Basilikum** in eine große Schüssel geben. Dann die Croûtons und die Vinaigrette hinzufügen und vorsichtig vermengen. Den Salat mindestens 30 Minuten bei Raumtemperatur ziehen lassen. **4** Währenddessen die **Pinienkerne** kurz in einer Pfanne ohne Zugabe von Öl goldbraun anrösten, dabei die Pfanne häufig schwenken. Dann herausnehmen und beiseitestellen. **5** Den Salat noch mal durchrühren und mit den gerösteten Pinienkernen bestreuen. Nach Belieben mit veganem **Mozzarella** sowie frischem **Basilikum** garnieren.

Tipp • Ich habe kleine bunte Tomaten und Minigurken genommen, aber du kannst auch andere Tomaten und ein Stück große Gurke verwenden.

Nährwerte pro Portion: 447 kcal (F 28 g · KH 39 g · EW 10 g)
frei von raffiniertem Zucker, optional glutenfrei (mit glutenfreiem Brot)

Pilz-Gyros

Vorbereitungszeit: 20 Minuten
Zubereitungszeit: 15 Minuten + 25 Minuten Backzeit

Zutaten für 4 Gyros

Gyros-Füllung
400 g Pilze (z. B. eine Mischung aus Kräuterseitlingen und Austernpilzen) oder Jackfruit aus der Dose
2 EL Olivenöl + etwas mehr zum Einfetten
1 Zwiebel, in Scheiben geschnitten
4 Knoblauchzehen, gehackt
1 TL gemahlener Kreuzkümmel
1 TL edelsüßes Paprikapulver
½ TL Chilipulver
½ EL getrockneter Oregano
1 Prise gemahlene Gewürznelke
1 Prise gemahlener Zimt
2 EL Tomatenmark
200 g Artischockenherzen, abgetropft (oder Jackfruit aus der Dose)
½ TL Salz
¼ TL gemahlener schwarzer Pfeffer
3 EL Tamari (oder Sojasauce)
¼ TL Flüssigrauch (nach Belieben)
1–2 EL Ahornsirup

Zum Servieren
1 Rezeptmenge Zaziki (siehe Seite 51)
4 große Pfannenbrote ohne Hefe (siehe Seite 16) oder fertig gekaufte Pita-Brote
einige Salatblätter
100 g Gurke, in Scheiben geschnitten
100 g Kirschtomaten, halbiert
4–6 Radieschen, in Scheiben geschnitten

Außerdem
Kochspray

Nährwerte pro Portion: 365 kcal
(F 13 g · KH 49 g · EW 14 g)
frei von raffiniertem Zucker

(1) Den Backofen auf 200 °C Ober-/Unterhitze vorheizen. (2) Für die Gyros-Füllung die **Pilze** oder **Jackfruit** mit den Zinken einer Gabel zerrupfen und beiseitestellen. (3) Das **Öl** in einer Pfanne erhitzen und die **Zwiebeln** darin 3–4 Minuten anbraten. (4) **Knoblauch, Kreuzkümmel, Paprikapulver, Chilipulver, Oregano, Gewürznelke** und **Zimt** hinzufügen und 1 Minute anschwitzen, bis alles gut vermischt ist. Dann **Tomatenmark,** Pilze, **Artischocken, Salz** und **Pfeffer** hinzugeben und weitere 3–4 Minuten braten. Mit **Tamari** und, falls verwendet, **Flüssigrauch** ablöschen. **Ahornsirup** hinzugeben und alles gut vermengen. (5) In eine **eingeölte** Backform geben, mit etwas **Kochspray** besprühen und im vorgeheizten Ofen 25 Minuten backen, dabei zwischendurch einmal durchmischen. (6) Sobald die Pilzmischung fertig gebacken ist, die Gyros-Brote (nach Belieben vorher in einer Pfanne aufwärmen) zum Servieren zusammenstellen: Zuerst etwas **Zaziki** in der Mitte der **Pfannenbrote** verteilen. Dann **Salat, Gurken, Tomaten** und **Radieschen** darauflegen. Nun die Gyros-Füllung darauf verteilen und zuletzt noch mal das restliche **Zaziki** daraufgeben. (7) Die Pfannenbrote leicht aufrollen, mit Schnur zusammenbinden oder in Brotpapier einwickeln und genießen.

Tipps • Wer eine ofenfeste Pfanne hat, kann die Pfanne samt Inhalt einfach in den Ofen stellen. • Gewürze: Statt die Gewürze einzeln zusammenzustellen, kann man auch eine fertige Gyros-Gewürzmischung nehmen. • Pilze: Ich habe eine Mischung aus Kräuterseitlingen und Austernpilzen verwendet, aber man kann auch andere Pilze wie Shiitake oder sogar Champignons verarbeiten. Allerdings wird die Konsistenz dann anders sein. • Wer keine Pilze mag, kann stattdessen Jackfruit nehmen.

Zaziki

Vorbereitungszeit: 5 Minuten + 5–10 Minuten Ruhezeit
Zubereitungszeit: 5 Minuten + evtl. mind. 1–2 Stunden Kühlzeit

Zutaten für 4 Portionen

1 Gurke (ungeschält)
1 TL Meersalz (nach Geschmack)
400 g veganer Joghurt Natur (am besten „Skyr-Style")
3 Knoblauchzehen, gehackt
1 EL Zitronensaft oder Essig
1 EL Olivenöl
gemahlener schwarzer Pfeffer
gehackte Kräuter (z. B. Petersilie oder Dill; nach Belieben)

(1) Die **Gurke** ungeschält reiben, gut **salzen** und 5–10 Minuten ziehen lassen. (2) Dann in ein feinmaschiges Sieb geben, auf eine Schüssel setzen und die überschüssige Flüssigkeit gut ausdrücken. (3) Die ausgedrückten Gurkenraspel mit **Joghurt, Knoblauch, Zitronensaft** oder **Essig, Öl** und etwas **Pfeffer** in eine Schüssel geben und alles gut verrühren. Noch mal abschmecken und bei Bedarf nachwürzen oder nach Belieben einige **Kräuter** hinzufügen. (4) Für noch mehr Geschmack das Zaziki vor dem Servieren mindestens 1–2 Stunden (besser über Nacht) im Kühlschrank ziehen lassen. Guten Appetit!

Tipps • Das Zaziki passt sehr gut zu Gyros (siehe Seite 48) oder zu gefüllten Auberginen (siehe Seite 12) und Gözleme (siehe Seite 28) – oder einfach pur mit Fladenbrot genießen. • Joghurt: Ich empfehle einen dicken veganen Joghurt, am besten „Skyr-Style". • Aufbewahrung: Das Zaziki lässt sich in einem luftdicht schließenden Behälter bis zu 5 Tage im Kühlschrank aufbewahren.

Nährwerte pro Portion: 122 kcal (F 7 g · KH 13 g · EW 7 g)
frei von raffiniertem Zucker, glutenfrei

Paella

Vorbereitungszeit: 10 Minuten
Zubereitungszeit: 15 Minuten + ca. 20 Minuten Garzeit + 5 Minuten Ruhezeit

Zutaten für 4 Portionen

2–3 EL Olivenöl
1 Zwiebel, klein geschnitten
3 Knoblauchzehen, klein geschnitten
1 kleine Lauchstange, in Ringe geschnitten
1 rote Paprika, klein geschnitten
1 grüne Paprika, klein geschnitten
200 g Paella-Reis
1 Pck. Safranpulver (0,1 g)
1 ½ TL gemahlene Kurkuma
1 TL edelsüßes Paprikapulver
120 ml veganer Weißwein (oder mehr Gemüsebrühe)
360 ml Gemüsebrühe
2 Tomaten, gehackt
200 g Tofu Natur
2 EL Tamari (oder Sojasauce)
150 g TK-Erbsen, aufgetaut
1 Glas Artischockenherzen (165 g Abtropfgewicht), abgetropft
10 entsteinte Kalamata-Oliven
Salz
gemahlener schwarzer Pfeffer

Topping

1 Biozitrone, in Scheiben oder Viertel geschnitten
Petersilie
Sesamsamen (nach Belieben)

(1) 1–2 EL **Olivenöl** in einer großen hohen Pfanne erhitzen und die **Zwiebeln** mit dem **Knoblauch** darin 1–2 Minuten anrösten. (2) **Lauch,** beide **Paprikasorten** und **Reis** dazugeben und 2–3 Minuten mitdünsten. **Safran,** 1 TL **Kurkuma** und **Paprikapulver** dazugeben und einige Sekunden anschwitzen. Mit dem **Weißwein** ablöschen und 1 Minute einkochen lassen. (3) **Gemüsebrühe** und **Tomaten** dazugeben, den Deckel aufsetzen und etwa 20 Minuten köcheln lassen, bis der Reis die ganze Flüssigkeit absorbiert hat, dabei zwischendurch auch mal umrühren. (4) In der Zwischenzeit den **Tofu** mit Küchenpapier trocken pressen, in kleine Würfel schneiden und in einer anderen Pfanne im restlichen **Öl** rundum etwa 3 Minuten anbraten. Mit dem restlichen **Kurkumapulver** würzen und mit **Tamari** ablöschen. Die Pfanne einige Male schwenken, bis der Tofu goldbraun und knusprig ist. (5) Tofu, **Erbsen,** abgetropfte **Artischockenherzen** und **Oliven** unter die Paella mischen. Mit **Salz** und **Pfeffer** würzen und mit **Zitronenscheiben** und frischer **Petersilie** toppen. Die Paella abdecken und weitere 5 Minuten ziehen lassen, damit sich die Aromen entfalten können. (6) Die Paella nach Belieben mit **Sesam** bestreuen und servieren.

Nährwerte pro Portion: 521 kcal (F 20 g · KH 58 g · EW 17 g)
frei von raffiniertem Zucker, glutenfrei

Zucchini-Involtini – gefüllte Zucchiniröllchen

Vorbereitungszeit: 10 Minuten
Zubereitungszeit: 15 Minuten + ca. 25 Minuten Backzeit

Zutaten für 4 Portionen

1 Rezeptmenge Tomatensauce (siehe Seite 44) oder 400 ml Fertigprodukt
2–3 mittelgroße Zucchini
Salz
1 EL Olivenöl
1 große Zwiebel, fein gehackt
2 Knoblauchzehen, gehackt
4 EL gehackte Petersilie
gemahlener schwarzer Pfeffer
180 g Cashew-Ricotta (siehe unten) oder veganer Frischkäse

Nach Belieben zum Garnieren
veganer Parmesan
frische Kräuter (z. B. Basilikum, Petersilie, Kresse)

Außerdem
Kochspray

Nährwerte pro Portion: 343 kcal (F 20 g · KH 25 g · EW 14 g)
frei von raffiniertem Zucker, glutenfrei

1 Den Backofen auf 200 °C Ober-/Unterhitze vorheizen. 2 Die **Tomatensauce** in eine Auflaufform gießen und beiseitestellen. 3 Die Enden der **Zucchini** abschneiden und dann mit einer Mandoline, einem Gemüsehobel oder einem Gemüseschäler längs in 5 mm dünne Scheiben schneiden. Die Zucchinireste hacken. 4 Die Zucchinischeiben auf Küchenpapier legen, mit **Salz** bestreuen und 5 Minuten ziehen lassen, damit sie weich werden (das erleichtert später das Zusammenrollen). 5 In der Zwischenzeit das **Öl** in einer großen Pfanne erhitzen, **Zwiebeln** und gehackte Zucchinistücke darin anbraten, bis sie weich und gebräunt sind. Den **Knoblauch** hinzufügen und 1 weitere Minute dünsten. In eine Schüssel geben und etwas abkühlen lassen. Dann **Petersilie** und etwas **Salz** und **Pfeffer** dazugeben. 6 Sobald die Zucchinischeiben weich genug sind, um sich leicht rollen zu lassen, mit Küchenpapier trocken tupfen. 7 Nun jede Zucchinischeibe mit **Cashew-Ricotta** bestreichen und mit etwas angebratener Zwiebelmischung belegen. Aufrollen und die Röllchen nebeneinander in die Auflaufform mit der Tomatensauce legen. 8 Mit etwas **Kochspray** besprühen (damit es nicht trocken wird) und im vorgeheizten Ofen etwa 25 Minuten backen oder bis die Zucchini-Involtini leicht goldbraun sind. 9 Aus dem Ofen nehmen und nach Belieben mit veganem **Parmesan** und frischen **Kräutern** bestreuen.

Tipps • Dazu passt gegarter Reis oder al dente gekochte Nudeln. • Statt Zucchini kann man Auberginen verwenden.

Cashew-Ricotta

Zubereitungszeit: 8 Minuten + mind. 4 Stunden Einweichzeit

Für 8 Portionen (à ca. 40 g)

250 g Cashewkerne
2–3 EL Hefeflocken
1 Knoblauchzehe (oder ½ TL Knoblauchpulver)
2 EL Zitronensaft
1 Prise edelsüßes Paprikapulver
Salz
gemahlener schwarzer Pfeffer

1 Die **Cashews** in einer Schüssel mit 80 ml Wasser bedecken und 4 Stunden oder über Nacht einweichen. (Für eine schnelle Variante 15 Minuten kochen.) 2 Abgießen, abbrausen, abtropfen lassen und in den Mixer oder die Küchenmaschine geben. Die restlichen **Zutaten** mit etwas **Salz** und **Pfeffer** zugeben und mit der Pulsfunktion zu einer Ricotta-ähnlichen Konsistenz verarbeiten. 3 Bei Bedarf nachwürzen oder mehr Wasser einarbeiten.

Tipp • Der Cashew-Ricotta hält sich luftdicht verschlossen 5 Tage im Kühlschrank oder 2–3 Monate im Gefrierfach.

Nährwerte pro Portion: 199 kcal (F 13 g · KH 10 g · EW 8 g)
frei von raffiniertem Zucker, glutenfrei

Spaghetti alla puttanesca

Vorbereitungszeit: 5 Minuten
Zubereitungszeit: 15 Minuten

Zutaten für 2 Portionen

Salz
250 g Spaghetti (oder glutenfreie Nudeln nach Wahl)
1 EL Olivenöl
1 Zwiebel, gewürfelt
2 Knoblauchzehen, gehackt
1 EL Tomatenmark
1 EL Balsamico-Essig
1 EL getrockneter Oregano (oder andere italienische Kräuter)
⅓ TL Chilipulver (oder Chiliflocken oder etwas gehackte frische Paprika; nach Geschmack)
2 EL Kapern in Lake aus dem Glas, abgetropft
1 Dose gehackte oder passierte Tomaten (400 g)
100 g Kirschtomaten oder Roma-Tomaten, halbiert
70 g entsteinte Kalamata-Oliven
gemahlener schwarzer Pfeffer
½ Noriblatt (nach Belieben), zerkleinert

Nach Belieben zum Garnieren
veganer Parmesan
Basilikum

Nährwerte pro Portion: 643 kcal (F 17 g · KH 114 g · EW 21 g)
frei von raffiniertem Zucker, optional glutenfrei (mit glutenfreien Nudeln)

1 **Salzwasser** in einem Topf zum Kochen bringen und die **Spaghetti** darin nach Packungsanweisung al dente kochen. 2 Währenddessen das **Öl** in einer großen Pfanne erhitzen und die **Zwiebeln** darin 2–3 Minuten anbraten, bis sie glasig und leicht gebräunt sind. Dann den **Knoblauch** hinzufügen und 1 weitere Minute unter gelegentlichem Rühren braten, bis er gut duftet. 3 **Tomatenmark, Balsamico-Essig, Oregano, Chilipulver** und **Kapern** einrühren und 1 Minute anschwitzen. Dann beide **Tomatensorten** hinzugeben und die Sauce bei niedriger Hitze 3–5 Minuten abgedeckt köcheln lassen, dabei gelegentlich umrühren (wenn die Sauce zu dick wird, etwas vom Nudelkochwasser hinzugeben). 4 Die Spaghetti abgießen, abtropfen lassen, mit den **Oliven** zur Sauce geben und alles gut vermengen. 5 Die Sauce abschmecken und bei Bedarf mit **Salz** und **Pfeffer** würzen (viel Salz braucht man nicht, da die Oliven bereits recht salzig sind). Wer mag, kann ein paar **Nori-Flocken** für den Fischgeschmack hinzufügen. 6 Das Spaghettigericht nach Belieben mit veganem **Parmesan** bestreuen und mit **Basilikum** garniert servieren.

Lasagne-Suppe

Vorbereitungszeit: 10 Minuten
Zubereitungszeit: 10 Minuten + 8–10 Minuten Garzeit

Zutaten für 4 Portionen

1–2 EL Olivenöl
1 große Zwiebel, gewürfelt
2 Karotten (ca. 200 g), gewürfelt
2–3 Selleriestangen (ca. 125 g), in Stücke geschnitten
⅔ TL Salz (oder mehr nach Geschmack)
3 Knoblauchzehen, gehackt
2 EL Tomatenmark
1 TL edelsüßes Paprikapulver (oder 1 Prise Chilipulver; nach Geschmack)
½ TL gemahlener schwarzer Pfeffer (oder nach Geschmack)
2 TL getrocknete italienische Kräuter (z. B. Oregano, Basilikum, Thymian)
1–2 EL Agavendicksaft (oder nach Geschmack)
1 Pck. Sonnenblumen-Hack (76 g) oder Sojagranulat
400 g passierte Tomaten
1 Dose stückige Tomaten (400 g)
750 ml Gemüsebrühe
250 g Lasagne riccia (oder Malfalda corta oder andere beliebige Nudeln; optional glutenfrei)
1–2 EL gehackte Petersilie oder Selleriegrün (nach Belieben)

Nach Belieben zum Garnieren

veganer Parmesan
Basilikum

❶ Das **Öl** in einem großen Topf erhitzen. **Zwiebeln, Karotten, Sellerie** und **Salz** hinzugeben und unter gelegentlichem Rühren etwa 3 Minuten anbraten. Dann **Knoblauch, Tomatenmark, Paprikapulver, Pfeffer, Kräuter, Agavendicksaft** und **Sonnenblumen-Hack** zugeben und 1–2 Minuten anrösten. ❷ Mit passierten und stückigen **Tomaten** ablöschen und die **Gemüsebrühe** zugießen. Die **Nudeln** bei Bedarf in kleinere Stücke brechen, dann in den Topf geben und 8–10 Minuten abgedeckt köcheln lassen, bis sie al dente sind, dabei ab und zu umrühren und nach Belieben noch **Petersilie** oder **Selleriegrün** hinzugeben. ❸ Die Suppe noch mal abschmecken, in tiefe Teller füllen, nach Belieben mit veganem **Parmesan** und **Basilikum** garnieren und schmecken lassen!

Tipps ● Pasta: Lasagne riccia (oder Malfalcine oder Reginette) sind lange Nudeln mit gewelltem Rand. Ich bevorzuge die kurzen Malfalda corta, aber jede Pasta ist geeignet – Makkaroni, Penne, Fusilli, Farfalle, Rigatoni, glutenfreie Nudeln oder sogar selbst gemachte Nudeln. ● Protein: Wenn du kein Sonnenblumen-Hack oder Sojagranulat zu Hause hast, kannst du dieses Rezept gern verändern, indem du stattdessen Linsen, Kichererbsen, Bohnen oder eine andere vegane Fleischalternative verwendest. ● Möchtest du die Suppe cremiger? Dann kannst du Cashew-Ricotta (siehe Seite 55) oder geriebenen veganen Käse hinzufügen.

Nährwerte pro Portion: 462 kcal (F 8 g · KH 69 g · EW 24 g)
frei von raffiniertem Zucker, optional glutenfrei (mit glutenfreien Nudeln)

Region: Italien

Ratatouille

Vorbereitungszeit: 5 Minuten
Zubereitungszeit: 20 Minuten + ca. 45 Minuten Backzeit

Zutaten für 4 Portionen
1–2 EL Olivenöl + etwas mehr zum Beträufeln
1 Zwiebel, gewürfelt
3 Knoblauchzehen, gehackt
1 EL Tomatenmark
500 g passierte Tomaten
Salz
gemahlener schwarzer Pfeffer
1 EL getrocknete italienische Kräuter (z. B. Basilikum, Oregano, Thymian)
1 Zucchini
1 Aubergine
3 Tomaten
120 g veganer Minimozzarella (oder veganer Reibekäse oder beides)
Nach Belieben zum Garnieren
veganer Parmesan
Thymian oder Basilikum
Außerdem
runde Auflaufform (Ø 24 cm)

Nährwerte pro Portion: 220 kcal (F 13 g · KH 18 g · EW 5 g)
frei von raffiniertem Zucker, glutenfrei

(1) Den Backofen auf 200 °C Ober-/Unterhitze vorheizen. (2) Das **Öl** in einer großen Pfanne erhitzen und die **Zwiebeln** darin 2–3 Minuten glasig dünsten. Dann den **Knoblauch** dazugeben und 1 weitere Minute rösten. (3) **Tomatenmark** und passierte **Tomaten** hinzufügen. Mit **Salz, Pfeffer** und 1 TL **Kräutern** würzen und 5 Minuten köcheln lassen. (4) Währenddessen **Zucchini, Aubergine** und **Tomaten** in 2–3 mm dünne Scheiben schneiden. (5) Die Tomatensauce in die Auflaufform geben (oder in der Pfanne lassen, wenn sie ofenfest ist) und das Gemüse darauf abwechselnd fächerartig anordnen. Mit **Salz, Pfeffer** und restlichen **Kräutern** würzen. Vegane **Mozzarella-Bällchen** und/oder **Reibekäse** darauf verteilen und etwas **Öl** darüberträufeln. (6) Mit Alufolie abdecken (oder den Deckel auf die Pfanne setzen) und im vorgeheizten Ofen etwa 30 Minuten backen. Dann die Alufolie (oder den Deckel) entfernen und weitere 15 Minuten backen, bis das Gemüse gar und leicht gebräunt ist. (7) Die Ratatouille mit veganem **Parmesan, Thymian** oder **Basilikum** garnieren und genießen.

Tipps • Dazu passt frisches knuspriges Brot, natürlich auch selbst gebackenes wie No Knead Bread (siehe Seite 107). • Gemüse: Wer mag, kann noch Karotten-, Paprika- oder Selleriewürfel anbraten und mit in die Tomatensauce geben. • Meal Prep: Die Tomatensauce lässt sich prima im Voraus zubereiten. Dann in ein Glas füllen, verschließen und bis zur Verwendung im Kühlschrank aufbewahren. • Restliche Ratatouille kann bis zu 1 Woche abgedeckt im Kühlschrank gelagert werden. Bei Bedarf einfach 15 Minuten im Backofen oder kürzer in der Mikrowelle erwärmen.

Salmorejo – spanische Tomatensuppe

Vorbereitungszeit: 5 Minuten
Zubereitungszeit: 5 Minuten + mind. 2 Stunden Kühlzeit

Zutaten für 4 Portionen

1 kg Tomaten
2 Knoblauchzehen, geschält
200 g weiße Bohnen aus der Dose, abgebraust, abgetropft (oder stattdessen Brot verwenden)
2 EL Weißweinessig (oder Apfelessig oder Balsamico-Essig)
2–3 TL Salz (oder nach Geschmack)
½ TL gemahlener schwarzer Pfeffer (oder nach Geschmack)
80 ml kalt gepresstes Olivenöl

Nach Belieben zum Servieren

Olivenöl
veganer Parmesan
Basilikum
Pasta-Chips (siehe Seite 64)

Nährwerte pro Portion: 280 kcal (F 21 g · KH 13 g · EW 6 g)
frei von raffiniertem Zucker, glutenfrei

1 Die **Tomaten** grob in Stücke schneiden, mit **Knoblauch, Bohnen, Essig, Salz** und **Pfeffer** in den Mixer geben und pürieren (oder den Stabmixer verwenden). Bei laufendem Motor nach und nach das **Öl** hinzugießen, bis die Masse glatt und cremig ist. Abschmecken und bei Bedarf mit **Salz** und **Pfeffer** nachwürzen. 2 Mindestens 2 Stunden (oder besser über Nacht) in den Kühlschrank stellen, damit sich die Aromen verbinden können. 3 Die cremige Tomatensuppe in Schalen füllen. Nach Belieben mit etwas **Öl** beträufeln oder mit veganem **Parmesan** bestreuen sowie mit **Basilikum** und **Pasta-Chips** oder anderen Zutaten garniert servieren. Guten Appetit!

Tipps • Bohnen: Statt Bohnen kannst du auch Brot nehmen, wie es bei traditionellen Salmorejo-Rezepten gemacht wird. • Weitere Topping-Ideen: Du kannst die Suppe auch mit knusprig gebratenem Tofu, Pimientos-Ringen oder Croûtons (siehe Seite 47) toppen.

Pasta-Chips

Vorbereitungszeit: 3 Minuten + ca. 10 Minuten Garzeit
Zubereitungszeit: 5 Minuten + 17–20 Minuten Backzeit

Zutaten für 4 Portionen

Salz
200 g Nudeln (z. B. Farfalle)
1 TL Knoblauchpulver
1 TL getrocknete italienische Kräuter (z. B. eine Mischung aus Oregano, Basilikum und Thymian)
1 TL edelsüßes Paprikapulver
2 EL veganer Parmesan (oder Hefeflocken)
gemahlener schwarzer Pfeffer
3 EL Olivenöl

Nach Belieben zum Servieren

Dips (z. B. Tomatensauce (siehe Seite 44), Aioli oder Kräuterdip (siehe Seite 96) oder Zitronensauce (siehe Seite 73), Dilldip (siehe Seite 104) oder einfach Ketchup))
Basilikum

Nährwerte pro Portion: 335 kcal
(F 15 g · KH 40 g · EW 8 g)
frei von raffiniertem Zucker

1 Den Backofen auf 200 °C Umluft vorheizen. 2 In einem großen Topf **Salzwasser** zum Kochen bringen und die **Nudeln** darin nach Packungsanweisung al dente kochen. 3 Abgießen, gut abtropfen lassen und in eine Schüssel geben. Dann **Knoblauchpulver, Kräuter, Paprikapulver,** veganen **Parmesan,** etwas **Salz** und **Pfeffer** sowie **Öl** hinzufügen und alles gut vermischen. 4 Die Nudeln auf einem mit Backpapier ausgelegten Backblech verteilen und dabei darauf achten, dass sie sich nicht überlappen oder berühren. Im vorgeheizten Ofen 17–20 Minuten backen, bis sie goldbraun sind. (Alternativ in einer vorgeheizten Heißluftfritteuse 10–12 Minuten bei 180 °C backen, dabei nach der Hälfte der Zeit den Korb entnehmen und einmal schütteln.) 5 Aus dem Ofen nehmen und abkühlen lassen, damit die Nudeln noch knuspriger werden. 6 Die Pasta-Chips mit beliebigen **Dips** nach Wahl servieren. Mit **Basilikum** garnieren und genießen.

Tipp • Die Pasta-Chips passen auch wunderbar zur spanischen Tomatensuppe (siehe Seite 63) sowie zu Hummus (siehe Seite 35).

Spinat-Risotto mit Pilzen

Vorbereitungszeit: 10 Minuten
Zubereitungszeit: 30 Minuten

Zutaten für 4 Portionen

ca. 600 ml Gemüsebrühe
2 EL Olivenöl (oder vegane Butter)
1 große Zwiebel, fein gewürfelt
3 Knoblauchzehen, gehackt
200 g Arborioreis (oder anderer kurzkörniger Reis)
120 ml veganer Weißwein (nach Belieben; oder mehr Brühe)
120 ml Soja- oder Hafer-Cuisine (oder andere Pflanzensahne/-milch)
Salz
gemahlener schwarzer Pfeffer
150 g Spinat (frisch oder gefroren), grob gehackt
200 g Champignons, in Scheiben geschnitten
2–3 EL Tamari (oder Sojasauce)

Nach Belieben zum Garnieren
veganer Parmesan (oder Hefeflocken)
Petersilie, fein gehackt

Nährwerte pro Portion: 334 kcal (F 11 g · KH 44 g · EW 9 g)
frei von raffiniertem Zucker, glutenfrei

1 Die **Gemüsebrühe** in einem Topf erhitzen und warm halten, während das Risotto zubereitet wird. 2 1 EL **Öl** in einem beschichteten Topf oder einer Antihaftpfanne erhitzen und die **Zwiebeln** darin 2–3 Minuten glasig dünsten. Dann den **Knoblauch** hinzufügen und 1 weitere Minute anbraten, bis er gut duftet. 3 Den **Reis** hinzufügen und unter Rühren 1–2 Minuten anrösten. Mit **Weißwein** ablöschen und einkochen lassen, bis die Flüssigkeit verdunstet ist. Jetzt eine Kelle Gemüsebrühe zugießen und bei schwacher Hitze unter häufigem Umrühren kochen, bis die Brühe fast absorbiert ist. Dann auf die gleiche Weise immer wieder Brühe zugießen und rühren, bis die gesamte Flüssigkeit verbraucht und der Reis al dente ist – das dauert etwa 15 Minuten. 4 Zuletzt pflanzliche **Sahne** oder **Milch** (oder etwas mehr Brühe) einrühren, bis die gewünschte Konsistenz erreicht ist. Mit **Salz** und **Pfeffer** würzen, dann den **Spinat** unterrühren. Vom Herd nehmen und das Risotto abgedeckt beiseitestellen, bis der Spinat zusammengefallen ist. 5 In der Zwischenzeit das restliche **Öl** in einer anderen Pfanne erhitzen und die **Pilze** darin 3–5 Minuten bei starker Hitze goldbraun braten. Mit **Tamari** ablöschen und die Pfanne schwenken, sodass die Pilze gleichmäßig mariniert sind. Zum Schluss die Pilze zum Risotto geben. 6 Das Risotto nach Belieben mit veganem **Parmesan** und **Petersilie** oder anderen gewünschten Toppings garnieren.

Tipps • Pflanzensahne/-milch: Du kannst jede pflanzliche Milch oder Sahne deiner Wahl verwenden oder einfach mehr Brühe hinzugeben und dazu noch ein Stück vegane Butter. • Protein/Toppings: Für mehr Protein noch Tofu, veganen Feta, Linsen, Kichererbsen oder eine andere Fleischalternative hinzugeben. Auch geröstete Pinienkerne oder gehackte Nüsse/Kerne sind ein tolles Topping für mehr Geschmack. • Aufbewahrung: Restliches Risotto kann bis zu 3 Tage abgedeckt im Kühlschrank aufbewahrt werden.

Pizza-Gnocchi

Vorbereitungszeit: 5 Minuten + 20–30 Minuten Garzeit
Zubereitungszeit: 30 Minuten + 5 Minuten Garzeit

Zutaten für 2–3 Portionen

400 g vorwiegend festkochende Kartoffeln
Salz
125 g Weizenmehl Type 405 oder Dinkelmehl Type 630 (oder glutenfreies Mehl) + etwas mehr bei Bedarf
1 EL Kartoffelmehl (oder mehr normales Mehl)
2 EL Tomatenmark
1 EL getrocknete italienische Kräuter (z. B. eine Mischung aus Oregano, Basilikum und Thymian)
80 g veganer Käse, fein gehackt
2 EL Olivenöl zum Braten

Nach Belieben zum Servieren

Kirschtomaten
Basilikum
veganer Parmesan (oder Hefeflocken)

Nährwerte bei 2 Portionen
pro Portion: 624 kcal
(F 22 g · KH 93 g · EW 12 g)
frei von raffiniertem Zucker, optional glutenfrei (mit glutenfreiem Mehl)

(1) Die **Kartoffeln** waschen und ungeschält in **Salzwasser** je nach Größe 20–30 Minuten gar kochen. (2) Abgießen, sofort pellen und zerstampfen. (3) Beide **Mehle, Tomatenmark, Kräuter** und ½ TL **Salz** dazugeben und vorsichtig mit einem Löffel vermengen. Dann den **Käse** hinzufügen und mit den Handflächen sachte zu einem Teig kneten, dabei darauf achten, den Teig nicht zu überarbeiten, sonst wird er zäh und klebrig. Bei Bedarf kann man etwas mehr **Mehl** hinzugeben. (4) Den Teig zu drei langen Rollen formen und 1,5–2 cm breite Stücke abschneiden. (5) Die Teigstücke zu ovalen Portionen formen und entweder klassisch über eine Gabel rollen oder einfach nur mit einer Gabel etwas platt drücken. (6) Wasser in einem großen Topf zum Kochen bringen. Dann die Hitze reduzieren, bis es nur noch simmert. Die Gnocchi vorsichtig hineingeben und etwa 5 Minuten ziehen lassen, bis sie an der Oberfläche schwimmen. Dann mit einem Schaumlöffel herausnehmen und auf einem Gitter abtropfen lassen. (7) Inzwischen das **Öl** in einer Pfanne erhitzen und die Gnocchi darin von beiden Seiten goldbraun und knusprig braten. (8) Nach Belieben mit **Kirschtomaten, Basilikum** und veganem **Parmesan** auf Tellern anrichten und servieren. Guten Appetit!

Tipps • Für die Zubereitung der Gnocchi kann man auch eine glutenfreie Mehlmischung anstelle von Weizen- oder Dinkelmehl verwenden. • Einfrieren: Die ungekochten Gnocchi mit etwas Speisestärke oder Mehl bestäuben und nebeneinander auf ein mit Backpapier ausgelegtes Backblech oder ein Holzbrett legen. Ins Gefrierfach geben und 1–2 Stunden einfrieren, bis die Gnocchi fest sind. Dann in Gefrierbeutel umfüllen. Auf diese Weise kleben sie nicht zusammen, sodass man sie jederzeit leicht einzeln herausnehmen kann. Zum Servieren die gefrorenen Gnocchi direkt ins Kochwasser geben, sie brauchen dann ein wenig länger, bis sie vollständig durchgegart sind. • Variante: Statt zu braten, die gegarten Gnocchi in Tomatensauce servieren.

Spaghetti mit Bohnen-Hackbällchen

Vorbereitungszeit: 10 Minuten
Zubereitungszeit: 50 Minuten

Zutaten für 4 Portionen

Bohnen-Hackbällchen

50 g Walnusskerne (oder Sonnenblumenkerne)
1 EL Olivenöl
1 Zwiebel, gewürfelt
200 g Champignons, gehackt
2–3 Knoblauchzehen, gehackt
2 ½ EL Tamari (oder Sojasauce)
2 EL Tomatenmark
1 EL getrocknete italienische Kräutermischung (z. B. aus Oregano, Basilikum und Thymian)
65 g Haferflocken (oder Semmelbrösel; optional glutenfrei)
1 Dose Kidneybohnen (250 g), abgebraust, abgetropft
1 Leinsamen-Ei (siehe Tipps)
1 TL edelsüßes Paprikapulver
Salz
gemahlener schwarzer Pfeffer
1 Prise Chilipulver (nach Belieben)

Spaghetti

1 Pck. Spaghetti (500 g; oder andere Nudeln; optional glutenfrei)
Salz

Bohnen-Hackbällchen 1 Den Backofen auf 200 °C Ober-/Unterhitze (oder 180 °C Umluft) vorheizen und ein Backblech mit Backpapier auslegen. 2 Die **Walnüsse** in einer Pfanne ohne Öl rösten, bis sie gut duften und goldbraun sind. Dann herausnehmen und beiseitestellen. 3 Das **Öl** in der Pfanne erhitzen. **Zwiebeln** mit den **Champignons** darin 4–5 Minuten anbraten. Den **Knoblauch** hinzufügen und 1 weitere Minute anrösten. Mit **Tamari** ablöschen und kurz einkochen lassen. Dann **Tomatenmark** und **Kräuter** einrühren, einige Sekunden anschwitzen und vom Herd nehmen. 4 Die **Haferflocken** in der Küchenmaschine zu grobem Mehl verarbeiten. 5 Die Zwiebel-Champignon-Mischung mit gerösteten Walnüssen, **Kidneybohnen, Leinsamen-Ei, Paprikapulver,** etwas **Salz, Pfeffer** und **Chilipulver** (falls verwendet) in die Küchenmaschine geben und zu einer groben Mischung verarbeiten. Abschmecken und bei Bedarf nachwürzen. 6 Die Mischung zu 18–20 Bällchen formen und mit genügend Abstand auf das vorbereitete Backblech legen. 7 Im vorgeheizten Ofen 25–30 Minuten backen, dabei nach der Hälfte der Backzeit einmal wenden, damit sie rundum goldbraun werden. (Wer die Bällchen knuspriger möchte, der kann sie vor dem Backen etwa 5 Minuten in einer Pfanne in etwas **Öl** anbraten. Die Backzeit reduziert sich dann um 5 Minuten.)

Spaghetti 1 10 Minuten vor Ende der Backzeit die **Nudeln** in **Salzwasser** nach Packungsanweisung al dente kochen.

Tomatensauce 1 Inzwischen das **Öl** in einem Topf oder einer Pfanne erhitzen und die **Zwiebeln** darin bei mittlerer Hitze 3–5 Minuten glasig dünsten. 2 Den **Knoblauch** hinzugeben und 1 weitere Minute braten. Dann gehackte **Tomaten, Tomatenmark, Gemüsebrühepulver,** etwas **Salz, Pfeffer** und **Zucker** dazugeben und etwa 5 Minuten köcheln lassen, bis die

Fortsetzung auf Folgeseite

Fortsetzung

Spaghetti mit Bohnen-Hackbällchen

Tomatensauce
1 EL Olivenöl
1 kleine Zwiebel, gehackt
2 Knoblauchzehen, gehackt
1 Dose gehackte oder passierte Tomaten (400 g)
2 EL Tomatenmark
1–2 TL Gemüsebrühepulver (nach Belieben)
Salz
gemahlener schwarzer Pfeffer
1 Prise Zucker (nach Geschmack)
Nach Belieben zum Servieren
Hefeflocken (oder veganer Parmesan)
Basilikum

Nährwerte pro Portion: 770 kcal (F 21 g · KH 125 g · EW 31 g)
optional glutenfrei (mit glutenfreien Nudeln)

Sauce eindickt. Bei Bedarf etwas Wasser hinzugeben und nachwürzen. **3** Die Hackbällchen nach dem Backen in die Sauce geben. Die Spaghetti abgießen, kurz abtropfen lassen und mit Hackbällchen und Sauce auf Tellern anrichten. Nach Belieben mit **Hefeflocken** oder veganem **Parmesan** bestreuen und mit **Basilikum** garniert servieren. Guten Appetit!

Tipps • Statt Champignons kann man auch klein gewürfelte Aubergine verwenden oder eine halbe Dose mehr Bohnen nehmen. • Für nussfreie Hackbällchen kann man statt Walnüssen Sonnenblumenkerne einarbeiten. • Die grob gemahlenen Haferflocken lassen sich durch Semmelbrösel ersetzen. • Um das Leinsamen-Ei zu machen, einfach 1 EL gemahlene Leinsamen mit 3 EL warmem Wasser verrühren und etwa 5 Minuten quellen lassen, bis die Mischung gallertartig ist. • Wenn du die Hackbällchen auf Vorrat zubereiten möchtest, nach dem Backen in einen Gefrierbeutel oder in einen luftdicht schließenden Behälter geben und einfrieren.

Spaghetti al limone – Zitronenpasta

Vorbereitungszeit: 15 Minuten
Zubereitungszeit: 25 Minuten

Zutaten für 4 Portionen

Zitronensauce
150 g Cashewkerne
1–2 EL Olivenöl
2 mittelgroße Zwiebeln, gewürfelt
4–6 Knoblauchzehen, gehackt
4 EL Hefeflocken (oder veganer Parmesan für käsigen Geschmack)
Saft von 1–2 Zitronen (nach Geschmack)
1 TL abgeriebene Biozitronenschale (oder mehr nach Geschmack)
240 ml Gemüsebrühe (oder mehr bis zur gewünschten Konsistenz)
Salz
gemahlener schwarzer Pfeffer

Pasta und Gemüse
Salz
350 g Spaghetti (oder andere oder glutenfreie Nudeln)
1–2 EL Olivenöl
1 Bund grüner Spargel, harte Enden entfernt, in Stücke geschnitten
gemahlener schwarzer Pfeffer
3 Handvoll frischer junger Spinat

Zitronensauce ① Die **Cashews** in einen Topf geben und mit Wasser bedecken. Zum Kochen bringen und 15 Minuten kochen lassen, bis sie weich genug zum Pürieren sind. Anschließend abgießen und mit frischem Wasser abbrausen. ② In der Zwischenzeit das **Öl** in einer Pfanne erhitzen und die **Zwiebeln** darin 2–3 Minuten glasig dünsten. Dann den **Knoblauch** hinzufügen und 1 weitere Minute anbraten, bis er gut duftet. ③ Die Cashews mit Zwiebelmischung, **Hefeflocken, Zitronensaft, Zitronenschale, Gemüsebrühe,** einer Prise **Salz** und **Pfeffer** in den Mixer geben und pürieren, bis die Masse glatt und cremig ist. Abschmecken und nach Bedarf nachwürzen oder mehr Wasser hinzugeben, bis die gewünschte Konsistenz erreicht ist.

Pasta und Gemüse ① Inzwischen **Salzwasser** in einem Topf zum Kochen bringen und die **Spaghetti** darin nach Packungsanweisung al dente kochen. ② Während die Nudeln kochen, das **Öl** in einer Pfanne erhitzen. Den **Spargel** zugeben und 4–5 Minuten anbraten, bis er zart ist. Mit **Salz** und **Pfeffer** abschmecken. Den **Spinat** hinzufügen, die Pfanne abdecken und beiseitestellen, bis der Spinat zusammengefallen ist.

Zitronenpasta servieren ① Sobald die Nudeln al dente sind, abgießen und zurück in den Topf oder in eine große Pfanne geben. Die Zitronensauce über die Spaghetti gießen und vermengen (wenn die Sauce zu dick wird, etwas mehr Wasser oder Pflanzenmilch hinzugeben, oder wenn sie zu dünn ist, etwas einkochen lassen). ② Die cremigen Zitronenspaghetti mit Spargel und Spinat auf Tellern anrichten und nach Belieben mit **Pinienkernen,** veganem **Parmesan,** frischen **Kräutern** und **Zitronenscheiben** – oder was immer man als Topping wünscht – garnieren und servieren. Besonders dekorativ sieht es aus, wenn man die Spaghetti portionsweise mit einer Zange aufrollt.

Fortsetzung auf Folgeseite ▶

Fortsetzung

Spaghetti al limone – Zitronenpasta

Nach Belieben zum Garnieren
geröstete Pinienkerne
veganer Parmesan
frische Kräuter (z. B. Basilikum oder Petersilie)
Biozitronenscheiben

Nährwerte pro Portion: 689 kcal (F 31 g · KH 84 g · EW 27 g)
frei von raffiniertem Zucker, optional glutenfrei (mit glutenfreien Nudeln)

Tipps ● Nudeln und Gemüse sollten immer frisch zubereitet werden. ● Anstelle von Cashews kann man auch Macadamianüsse oder blanchierte Mandeln verwenden. ● Für eine nussfreie Sauce die selbst gemachte Cashew-Basis (Cashews + Gemüsebrühe) durch 400 ml Soja-, Mandel-, Hafersahne oder Vollfett-Kokosmilch + 2 TL Gemüsebrühepulver ersetzen. Sollte die Sauce zu dünn sein, mit Mehl oder Speisestärke andicken. Auch eine Kombination aus Pflanzenmilch und veganem Frischkäse ist möglich, um eine ähnliche cremige Konsistenz zu erhalten. ● Anstelle von Spargel kann man auch anderes Gemüse verwenden, zum Beispiel Brokkoliröschen, Zucchini, Pilze, Ofentomaten oder was immer man mag. ● Reste können später bei mittlerer Hitze wieder aufgewärmt werden. Eventuell einfach etwas Wasser oder Pflanzenmilch einrühren, um die Sauce zu verdünnen.

Himbeer-Mandel-Torte

Vorbereitungszeit: 35 Minuten + ca. 35 Minuten Backzeit + Abkühlzeit
Zubereitungszeit: 15 Minuten + mind. 2 Stunden Kühlzeit

Zutaten für 12 Stücke

Mandelböden

120 ml neutrales Öl + etwas mehr zum Einfetten
360 g Weizenmehl Type 405
100 g italienische Mandeln aus Sizilien oder Apulien (oder herkömmliche Mandeln), blanchiert, gemahlen
2 TL Backpulver
½ TL Natron (oder 1 TL mehr Backpulver)
¼ TL Salz
320 ml ungesüßte Pflanzenmilch
120 ml Orangen- oder Zitronensaft (oder beides gemischt)
1 EL fein abgeriebene Bioorangen- oder Biozitronenschale (oder beides gemischt)
60 g Apfelmark (Apfelmus)
2 TL Vanilleextrakt (oder Mandelextrakt)
200 g Zucker

Himbeerfüllung

300 g Himbeeren (gefroren oder frisch)
3 EL Zucker (oder nach Geschmack)
Saft von 1 Zitrone

Mandelböden 1 Den Backofen auf 180 °C Ober-/Unterhitze vorheizen. Die Ränder der beiden Springformen **einfetten** und die Böden mit Backpapier auslegen. 2 **Mehl**, gemahlene **Mandeln, Backpulver, Natron** und **Salz** in einer großen Schüssel vermischen. 3 In einem Messbecher **Pflanzenmilch, Orangen-** oder **Zitronensaft, Orangen-** oder **Zitronenschale, Apfelmark, Öl, Vanilleextrakt** und **Zucker** verrühren. Zur Mehlmischung geben und alles kurz zu einem Teig verrühren, bis sich die Zutaten soeben verbunden haben. 4 Den Teig in die vorbereiteten Springformen füllen und im vorgeheizten Ofen etwa 35 Minuten backen (oder bis ein Zahnstocher sauber herauskommt). 5 Aus dem Ofen nehmen und 10–15 Minuten in den Formen abkühlen lassen. Dann auf Kuchengitter stürzen und vollständig auskühlen lassen.

Himbeerfüllung 1 Inzwischen **Himbeeren, Zucker** und **Zitronensaft** in einen Topf geben, zum Köcheln bringen und bei mittlerer Hitze kochen, bis die Himbeeren weich sind. (Wenn man gefrorene Himbeeren verwendet, kann man die Füllung andicken, indem man 1 EL **Speisestärke** in 2–3 EL Wasser auflöst. Dann in die Himbeeren einrühren und unter Rühren aufkochen, bis es eindickt.) 2 Abkühlen lassen und im Kühlschrank kalt stellen, während die Füllung noch mehr eindickt.

Sahne-Frosting 1 Die vegane **Schlagcreme** mit der halben Menge **San-apart** steif schlagen. Beiseitestellen. 2 In einer anderen Schüssel veganen **Frischkäse, Puderzucker** und restliches **San-apart** cremig mixen. Dann die aufgeschlagene Schlagcreme kurz unterrühren, bis sich alles verbunden hat.

Torte schichten und dekorieren 1 Die Mandelböden jeweils waagerecht in zwei gleich dicke Schichten schneiden. Eine Kuchenschicht auf eine Servierplatte legen und etwa ein Viertel der Sahnecreme darauf verteilen. Dann ein Drittel der Himbeerfüllung darüberstreichen. 2 Mit dem nächsten Tortenboden bedecken, wieder ein Viertel der Sahnecreme

Fortsetzung auf Folgeseite ▶

Fortsetzung

Himbeer-Mandel-Torte

1 EL Speisestärke (nach Belieben; zum Andicken bei Verwendung von gefrorenen Himbeeren, da diese wässriger sind als frische)

Sahne-Frosting

200 g vegane Schlagcreme (oder andere aufschlagbare Pflanzensahne)
3 TL San-apart (nach Belieben)
300 g veganer Frischkäse (zimmerwarm; oder vegane Butter)
60 g Puderzucker

Zum Dekorieren

80 g Mandelblättchen
Himbeeren, Erdbeeren, Granatapfelkerne, kleine Minzeblätter und andere Toppings nach Belieben

Außerdem

2 Springformen (Ø 20 cm)

Nährwerte pro Portion: 500 kcal (F 27 g · KH 53 g · EW 9 g)

darüber verteilen, gefolgt von einem weiteren Drittel der Himbeerfüllung. Diesen Vorgang auch für die dritte Schicht wiederholen. Dann den vierten Mandelboden darauflegen und die Torte rundum mit der restlichen Sahnecreme bestreichen. 3 Zum Schluss die Seiten der Torte mit **Mandelblättchen** bestreuen – das funktioniert am besten, wenn man die Mandeln an die Seiten der Torte „wirft". Anschließend herabgefallene Mandeln aufsammeln und erneut bewerfen. 4 Die Torte vor dem Dekorieren und Servieren mindestens 2 Stunden kalt stellen. Dann mit frischen **Himbeeren, Erdbeeren, Granatapfelkernen, Minzeblättern** oder anderen Toppings nach Belieben dekorieren.

Tipps • Mehl: Für die beste, weiche und fluffige Textur empfehle ich helles Weizen- oder Dinkelmehl. Bei Verwendung eines schwereren Mehls, zum Beispiel Vollkorn- oder Hafermehl, wird der Kuchen kompakter. • Zucker: Für den Kuchenteig kann man auch andere Süßungsmittel ausprobieren, beispielsweise Ahornsirup, Agavendicksaft, Kokosblütenzucker oder einen zuckerfreien Ersatz. Allerdings kann sich dadurch die Textur verändern. • Pflanzenmilch: Sojamilch eignet sich am besten für veganes Backen. Aber auch andere pflanzliche Milchsorten sind geeignet. • San-apart ist ein veganer Stabilisator für Sahne oder Cremes. Das Pulver besteht aus Zucker, Weizenmehl und Stärke. • Die Backzeit kann variieren, je nach Ofen, Backform oder ob man die Mandelböden während des Backens abdeckt. Daher unbedingt eine Stäbchenprobe durchführen! Je länger man den Kuchen backt, desto trockener wird er. • Himbeeren: Man kann auch gekauftes Himbeerkompott oder -marmelade verwenden. Probiere auch andere Beeren aus. • Aufbewahrung: Tortenreste können abgedeckt im Kühlschrank bis zu 4 Tage aufbewahrt werden, je nachdem, wie stabil die Creme ist. Man kann die Mandelböden (ohne Sahnecreme und Füllung) auch einfrieren.

Torta della nonna

Vorbereitungszeit: 15 Minuten + 60 Minuten Kühlzeit/Abkühlzeit
Zubereitungszeit: 20 Minuten + 45 Minuten Backzeit + Kühlzeit über Nacht

Zutaten für 12 Stücke

Mürbeteig

320 g Weizenmehl Type 405 oder Dinkelmehl Type 630 (oder glutenfreies Mehl; siehe Tipps) + etwas mehr zum Bestäuben
1 ½ TL Backpulver
½ TL Salz
100 g Zucker
120 g kalte vegane Butter (oder Kokosöl) + etwas mehr zum Einfetten
60 ml kalte ungesüßte Pflanzenmilch

Puddingfüllung

1 Dose Kokosmilch (400 ml)
2 TL Vanilleextrakt
1 EL fein abgeriebene Biozitronenschale
120 ml ungesüßte Mandelmilch
60 g Speisestärke (oder 1 ½ Pck. Vanille-Puddingpulver)
75 g Zucker (Sorte nach Belieben)
120 g veganer Frischkäse (oder Sojaquark Natur oder Kokoscreme; Tipps siehe Seite 122)
65 g Mandelblättchen (oder mehr Pinienkerne)
45 g Pinienkerne (oder mehr Mandeln)

Mürbeteig 1 **Mehl, Backpulver, Salz** und **Zucker** in einer großen Rührschüssel vermischen. 2 Die kalte vegane **Butter** in kleine Stücke schneiden, mit der **Pflanzenmilch** zur Mehlmischung geben und mit den Händen alles rasch zu einem Teig kneten. Zu einem flachen Laib formen, fest in Frischhaltefolie einwickeln und etwa 60 Minuten im Kühlschrank kalt stellen.

Puddingfüllung 1 Inzwischen **Kokosmilch, Vanilleextrakt** und **Zitronenschale** in einem Topf zum Kochen bringen. Währenddessen **Mandelmilch** und **Speisestärke** (oder **Puddingpulver)** glatt rühren und dann mit dem **Zucker** in die heiße Kokosmilch einrühren, erneut aufkochen und unter ständigem Rühren kurz köcheln lassen, bis der Pudding dick und cremig ist. 2 Den Pudding in eine Schüssel füllen und mit Frischhaltefolie abdecken, damit sich keine Haut bildet. Dann vollständig auf Raumtemperatur abkühlen lassen.

Torte backen 1 Den Backofen auf 180 °C Umluft vorheizen und die Tarteform (oder Quicheform oder Springform) leicht **einfetten.** 2 Den gekühlten Mürbeteig in ein größeres Stück (zwei Drittel) und ein kleineres Stück (ein Drittel) teilen. 3 Auf einer leicht **bemehlten** Arbeitsfläche zunächst das größere Teigstück zu einem Kreis ausrollen (er sollte etwas größer sein als die Backform). Dann vorsichtig in die Backform geben und den Mürbeteig fest am Boden und am Rand der Form andrücken. Den Teigboden ein paar Mal mit einer Gabel einstechen. 4 Den abgekühlten Pudding mit dem Handrührgerät cremig mixen. In einem anderen Gefäß den veganen **Frischkäse** (oder **Sojaquark** oder **Kokoscreme)** cremig mixen (die Quirle müssen zwischendurch nicht abgewaschen werden). Dann beides zusammen verrühren und gleichmäßig auf dem Teig verteilen. 5 Den restlichen Mürbeteig ausrollen und einen Kreis ausschneiden, der groß genug ist, um die Torte zu bedecken (ich habe als Schablone einfach den Boden der Backform genommen). Den Teigkreis über die Puddingfüllung legen und vorsichtig einige Male mit einer Gabel einstechen. (Aus dem

Fortsetzung auf Folgeseite

Fortsetzung

Torta della nonna

Nach Belieben zum Dekorieren
Beeren (nach Belieben) oder andere Toppings
Puderzucker zum Bestäuben

Außerdem
tiefe Tarteform, Quicheform oder Springform (Ø 22 cm)

Nährwerte pro Portion: 391 kcal (F 18 g · KH 41 g · EW 6 g)

Restteig kleine Kekse für die Dekoration ausstechen und etwa 10 Minuten mitbacken.) **6** Zum Schluss **Mandelblättchen** und **Pinienkerne** darüberstreuen und im vorgeheizten Ofen etwa 45 Minuten goldgelb backen. **7** Herausnehmen, vollständig abkühlen lassen und über Nacht in den Kühlschrank stellen, denn sonst ist die Füllung zu flüssig.

Torte dekorieren **1** Die Torte aus der Form lösen, auf eine Servierplatte heben und mit **Beeren,** gebackenen Keksen oder anderen Toppings nach Belieben dekorieren. Mit **Puderzucker** bestäuben und genießen!

Tipps ● Glutenfreier Mürbeteig: Du kannst das Mehl durch eine glutenfreie Mehlmischung 1:1 ersetzen. Ich empfehle, dann ein zusätzliches Leinsamen-Ei hinzuzufügen, damit der Teig besser zusammenhält (1 EL gemahlene Leinsamen in 3 EL heißes Wasser rühren und etwa 5 Minuten quellen lassen). ● Kokosmilch/Mandelmilch: Du kannst auch eine andere Pflanzenmilch oder -sahne oder ein sahniges Getränk mit Geschmack verwenden. Sollte es gesüßt sein, weniger Sirup/Zucker verwenden. Am besten einfach mal probieren. ● Vorbereiten: Du kannst den Mürbeteig im Voraus zubereiten und in Frischhaltefolie eingewickelt bis zu 5 Tage im Kühlschrank lagern oder bis zu 3 Monate einfrieren. Zum Auftauen dann einfach über Nacht in den Kühlschrank legen. ● Aufbewahrung: Die gebackene Torte hält sich bis zu 4 Tage im Kühlschrank.

Crème brûlée

Zubereitungszeit: 10 Minuten + 1–2 Stunden Kühlzeit

Zutaten für 3 Portionen

Vanillecreme
60 ml ungesüßte Pflanzenmilch (z. B. Soja- oder Mandelmilch)
½ TL Agar-Agar
240 ml Kokosmilch
1 EL Speisestärke (oder Vanille-Puddingpulver)
1 EL Rohrzucker (oder anderer Zucker)
1 TL reines Vanilleextrakt
¼ TL gemahlene Kurkuma (optional für die Farbe)

Topping
1 EL Rohrzucker (oder anderer Zucker)

Nach Belieben zum Garnieren
Himbeeren, Johannisbeeren, Granatapfelkerne, Kokosraspel und Minzeblättchen

Außerdem
3 kleine Tarte- oder Auflaufformen aus Keramik (Ø ca. 10 cm)
Flambierbrenner

Nährwerte pro Portion: 245 kcal (F 18 g · KH 18 g · EW 2 g)
glutenfrei

1 Für die Vanillecreme in einem kleinen Gefäß **Pflanzenmilch** und **Agar-Agar** verrühren, bis sich das Pulver vollständig aufgelöst hat. 2 **Kokosmilch, Speisestärke, Rohrzucker, Vanilleextrakt** und **Kurkuma** (optional) in einem Topf verrühren. Dann die Agar-Agar-Mischung hinzugeben und unter ständigem Rühren 1–2 Minuten aufkochen, bis die Masse schön andickt. 3 In die drei Formen gießen und 1–2 Stunden im Kühlschrank kalt stellen. 4 Sobald die Vanillecreme vollständig fest geworden ist, aus dem Kühlschrank nehmen und für das Topping mit je 1–2 TL **Zucker** gleichmäßig bestreuen. Den Zucker mit dem Flambierbrenner karamellisieren, damit eine knusprige Oberfläche entsteht. 5 Die Crème brûlée nach Belieben mit **Himbeeren, Johannisbeeren, Granatapfelkernen, Kokosraspeln** und **Minze** garnieren und sofort servieren oder bis zum Verzehr im Kühlschrank lagern. Guten Appetit!

Region: Frankreich

Poke Bowl mit Wassermelone-Thunfisch
(Rezept siehe Seite 88)

Amerika und Co.

Die mexikanische, hawaiianische oder auch US-Küche ist für mich Genuss pur.

Amerika und Co.

Inspiriert von Gerichten aus den USA mit Hawaii, Jamaika, Mexiko, Kanada, Karibik und Südafrika

Poke Bowl mit Wassermelone-Thunfisch

Vorbereitungszeit: 10 Minuten + 60 Minuten Backzeit + mind. 24 Stunden Marinierzeit
Zubereitungszeit: 20 Minuten + 15 Minuten Garzeit + 10 Minuten Ruhezeit

Zutaten für 6 Portionen

Wassermelone-Thunfisch

750 g Wassermelone (kernarm), geschält
½ TL Salz
3 EL Sesam- oder Erdnussöl
2 EL Tamari (oder Sojasauce)
2 EL Reisessig
2–3 Knoblauchzehen, gepresst
2 TL geriebener Ingwer
½ TL Chilipulver
1 Noriblatt, gehackt
2 EL Sesamsamen (optional)
1–2 EL Öl zum Braten (optional)

Reis

270 g Jasminreis (oder eine andere Reissorte oder Reisnudeln oder Quinoa)
¾ TL Salz

Wassermelone-Thunfisch (1) Den Backofen auf 200 °C Ober-/Unterhitze vorheizen. (2) Die **Melone** in etwa 3 cm große Würfel oder etwa 7 × 4 cm große „Steaks" schneiden und in einer großen Backform (oder einem tiefen Backblech) so verteilen, dass genügend Abstand zwischen den Stücken bleibt. (3) Mit dem **Salz** bestreuen und 60 Minuten im vorgeheizten Ofen backen, dabei nach 30 Minuten einmal wenden (je nach Größe können die „Steaks" 10 Minuten länger drinbleiben). (4) Aus dem Ofen nehmen und abkühlen lassen. (5) **Öl, Tamari, Reisessig, Knoblauch, Ingwer** und **Chilipulver** zu einer Marinade verrühren. Die gebackenen Wassermelonen-Stücke mit den **Noriflocken** hinzugeben und in der Marinade wenden. In einen Gefrierbeutel geben (oder in der Schüssel lassen und abdecken) und mindestens 24 Stunden im Kühlschrank ziehen lassen (je länger, umso geschmackvoller wird der „Thunfisch"). (6) Die Melonenstücke aus der Marinade nehmen (siehe auch Tipp) und entweder roh verzehren oder in **Sesam** wälzen und in einer heißen Pfanne im **Öl** etwa 2–3 Minuten pro Seite knusprig anbraten.

Reis (1) **Reis** und 540 ml Wasser in einen Topf (oder Reiskocher) geben und zum Kochen bringen. Die Hitze reduzieren, abdecken und 15 Minuten köcheln lassen, bis der Reis das gesamte Wasser aufgenommen hat. Vom Herd nehmen und 10 Minuten abgedeckt ruhen lassen. Dann **Salz** hinzufügen, mit einer Gabel auflockern und beiseitestellen.

Fortsetzung auf Folgeseite

Fortsetzung

Poke Bowl mit Wassermelone-Thunfisch

Poke Bowls

2 kleinere Romana-Salatherzen, in Blätter zerteilt

3 große Karotten, in Spiralen geschnitten

1 mittelgroße Gurke, gewürfelt (oder 9–12 sehr kleine Minigurken)

9–12 Radieschen, in Scheiben geschnitten

2 große Avocados, halbiert, entkernt, in Scheiben geschnitten

2 mittelgroße Mangos, gewürfelt

200 g TK-Edamame, aufgetaut

Nach Belieben zum Servieren

Sesamsamen

frische Kräuter (z. B. Koriander, Thai-Basilikum oder Minze)

Tahini-Sauce (siehe Seite 103) oder Satay-Sauce (siehe Seite 197)

Biolimettenspalten

Nährwerte pro Portion: 595 kcal (F 27 g · KH 80 g · EW 11 g)
glutenfrei

Poke Bowls 1 Inzwischen **Salat, Gemüse** und **Früchte** vorbereiten. Die Salatblätter auf sechs Schalen verteilen. Dann Reis, Karotten, Gurken, Radieschen, Avocado, Mango, Edamame und Wassermelone-Thunfisch darauf anordnen. 2 Die Poke Bowls nach Belieben mit **Sesam, Kräutern** und **Limettenspalten** toppen und mit **Tahini-** oder **Satay-Sauce** servieren. Guten Appetit!

Tipps • Wassermelone-Thunfisch: Die Stücke sollten nicht zu klein und nicht zu dünn geschnitten werden, da die Melone beim Backen sehr viel Flüssigkeit verliert und schrumpft. • Reis: Du kannst jede Sorte Reis (weißen, braunen oder Rundkorn- oder Sushi-Reis) verwenden. Als Variation kannst du auch Reis- oder Glasnudeln oder sogar Quinoa nehmen und gemäß Packungsanweisung kochen. • Die Gemüsesorten kannst du nach deinen Wünschen austauschen. • Restlicher Wassermelone-Thunfisch kann in verschlossenen Behältern oder im Ziplock-Beutel 3–4 Tage im Kühlschrank aufbewahrt werden. • Die „Thunfisch"-Marinade schmeckt auch sehr gut als Dressing oder Würzsauce für den Reis.

Region: Hawaii (USA)

Jamaikanisches Pintobohnen-Curry

Vorbereitungszeit: 10 Minuten
Zubereitungszeit: 10 Minuten + 20 Minuten Garzeit

Zutaten für 4 Portionen

1 EL Öl zum Braten
1 Zwiebel, gewürfelt
4 Knoblauchzehen, gehackt
2-cm-Stück Ingwer, gehackt
2 EL karibisches Currypulver (siehe unten) oder Fertigprodukt
1 kleine rote Chilischote, gehackt
1 Karotte, gewürfelt
200 g vorwiegend festkochende Kartoffeln, geschält, gewürfelt
1 Dose gehackte Tomaten (400 g)
160 ml Gemüsebrühe
1 TL Salz (oder nach Geschmack)
½ TL gemahlener schwarzer Pfeffer
200 ml Kokosmilch
2 TL Ahornsirup (oder Kokosblütenzucker nach Geschmack)
2 Dosen Pinto- bzw. Wachtelbohnen (à 240 g), abgebaust, abgetropft
Saft von 1 Limette

Nach Belieben zum Servieren
gegarter Reis oder Pfannenbrote ohne Hefe (siehe Seite 16)
Petersilie
Sesamsamen
Biolimettenspalten

1 Das **Öl** in einem Topf erhitzen und die **Zwiebeln** darin 2–3 Minuten glasig dünsten. **Knoblauch** und **Ingwer** dazugeben und 30 Sekunden anrösten. **Currypulver** und **Chilis** einrühren und weitere 30 Sekunden anrösten. **Karotten** und **Kartoffeln** zufügen und 1 Minute anrösten. Dann **Tomaten, Gemüsebrühe, Salz** und **Pfeffer** dazugeben und 10 Minuten abgedeckt köcheln lassen, bis die Kartoffeln fast zart sind. 2 **Kokosmilch, Ahornsirup** und **Pintobohnen** einrühren, den Deckel auflegen und weitere 10 Minuten köcheln lassen. Mit **Limettensaft** beträufeln, abschmecken und nach Geschmack nachwürzen. 3 Das Pintobohnen-Curry nach Belieben mit **Reis** oder **Pfannenbroten** servieren und mit **Petersilie, Sesam** und **Limettenspalten** garnieren. Guten Appetit!

Tipps • Meal Prep: Restliches Curry hält sich bis zu 5 Tage im Kühlschrank und kann auch eingefroren werden. • Bohnen: Statt Pinto- bzw. Wachtelbohnen passen auch weiße Bohnen oder Kidneybohnen gut.

Nährwerte pro Portion: 335 kcal (F 16 g · KH 31 g · EW 10 g)
frei von raffiniertem Zucker, glutenfrei

Region: Jamaika

Karibisches Currypulver

Region: Karibik

Zubereitungszeit: 10 Minuten

1 EL Korianderkörner
1 EL Senfkörner
2 TL Bockshornkleesamen
1 EL Kreuzkümmelsamen
1 TL schwarze Pfefferkörner
1 EL gemahlene Kurkuma
1 TL gemahlener Cayennepfeffer

1 **Koriander-** und **Senfkörner, Bockshornklee-** und **Kreuzkümmelsamen** in einer Pfanne 2–3 Minuten anrösten. Kurz abkühlen lassen und dann mit den **Pfefferkörnern** fein mahlen. **Kurkuma** und **Cayennepfeffer** untermischen und in einem luftdicht schließenden Behälter aufbewahren. Die Gewürzmischung hält sich bis zu 6 Monate. – Sehr lecker in Gemüsecurrys, Reisgerichten und Kokosmilchsaucen.

frei von raffiniertem Zucker, glutenfrei

Zucchini-Pommes

Zubereitungszeit: 15 Minuten + 20–25 Minuten Backzeit

Zutaten für 2 Portionen

Öl zum Einfetten
100 g Panko-Paniermehl (optional glutenfreies Panko oder Semmelbrösel)
1 TL getrocknete italienische Kräutermischung (z. B. aus Oregano, Basilikum und Thymian)
½ TL Knoblauchpulver
1 Prise gemahlene Kurkuma (optional für die Farbe)
1 TL Salz (oder nach Geschmack)
¼ TL gemahlener schwarzer Pfeffer (oder nach Geschmack)
30–40 g Weizenmehl Type 405 oder Dinkelmehl Type 630 oder Reis- oder Kichererbsenmehl (oder anderes glutenfreies Mehl)
ca. 80 ml ungesüßte Soja- oder Mandelmilch
2 Zucchini, in Stifte geschnitten

Nach Belieben Dip-Vorschläge zum Servieren

Mayonnaise, Remoulade oder Kräuterdip (siehe Seite 96), Knoblauchdip (siehe Seite 16), Guacamole (siehe Seite 99) oder Raita (siehe Seite 27)

Außerdem

Kochspray (optional)

Nährwerte pro Portion: 382 kcal (F 10 g · KH 61 g · EW 13 g)
frei von raffiniertem Zucker, optional glutenfrei (mit glutenfreiem Panko und glutenfreiem Mehl)

1 Den Backofen auf 200 °C Ober-/Unterhitze vorheizen. Ein Backblech mit Backpapier auslegen und ein **eingefettetes** Ofengitter darauf platzieren. 2 In einer großen Schüssel **Panko, Kräuter, Knoblauchpulver, Kurkuma** (falls verwendet), **Salz** und **Pfeffer** vermischen und beiseitestellen. 3 **Mehl** und **Pflanzenmilch** jeweils in einen tiefen Teller geben. 4 Die **Zucchini** in etwa 7,5 cm lange Stifte schneiden und nacheinander zuerst in Mehl wälzen, dann in die Pflanzenmilch tunken und zuletzt in der Pankomischung wenden und diese vorsichtig andrücken. 5 Die panierten Zucchinistifte auf das vorbereitete Gitter legen, dabei genug Platz zwischen den einzelnen Stiften lassen. Mit etwas **Kochspray** besprühen, damit sie knuspriger werden, und im vorgeheizten Ofen 20–25 Minuten goldbraun und knusprig backen. 6 Die gebackenen Zucchini-Pommes sofort mit einem **Dip** nach Wunsch servieren, solange sie noch heiß und knusprig sind.

Tipps • Gewürze: Diese können beliebig variiert werden. Wer es käsiger mag, kann noch ein paar Hefeflocken oder veganen Parmesan zur Pankomischung hinzufügen. • Meal Prep: Die Zucchini können im Voraus in Stifte geschnitten und dann in einem mit Küchenpapier ausgelegten, luftdicht schließenden Behälter im Kühlschrank aufbewahrt werden.

Region: USA

Mayonnaise und Kräuterdip

Zubereitungszeit: 5 Minuten

Zutaten für 15 Portionen (à ca. 20 g)

100 ml ungesüßte Sojamilch (zimmerwarm)
½ TL mittelscharfer Senf
¼ TL Salz
220 g Raps- oder Sonnenblumenöl
½ EL Zitronensaft (oder Essig)

Nährwerte pro Portion: 133 kcal (F 15 g · KH 0 g · EW 0 g)
frei von raffiniertem Zucker, glutenfrei

Mayonnaise

1 **Sojamilch, Senf** und **Salz** in einen Mixbecher geben und mit dem Stabmixer glatt mixen. 2 Auf höchster Stufe weitermixen und dabei das **Öl** langsam hinzugeben, bis eine cremige Mayonnaise entsteht. 3 Zuletzt den **Zitronensaft** hinzufügen und noch einmal durchmixen.

Tipps • Sojamilch eignet sich am besten. Mit anderer Pflanzenmilch wird die vegane Mayonnaise nicht so fest. • Süße: Wer mag, kann noch etwas Agavendicksaft oder ein anderes Süßungsmittel hinzufügen. • Haltbarkeit: Die Mayonnaise hält sich in einem Schraubglas bis zu 5 Tage im Kühlschrank.

Remoulade: Einfach ein paar gehackte frische Kräuter nach Wahl, gehackte Zwiebeln und gehackte Gewürzgurken zur Mayonnaise hinzufügen.
Aioli: Zwei bis drei Knoblauchzehen pressen und unter die Mayonnaise rühren.

Zubereitungszeit: 3 Minuten

Zutaten für 15 Portionen (à ca. 20 g)

75 g Mayonnaise (siehe oben)
250 g Sojaquark Natur (z. B. „Skyr-Style“)
2 TL getrocknete Kräutermischung nach Wahl (oder 2 EL fein gehackte frische Kräuter)
1 TL Zitronensaft
¼ TL Salz
¼ TL gemahlener schwarzer Pfeffer

Nährwerte pro Portion: 42 kcal (F 4 g · KH 1 g · EW 1 g)
frei von raffiniertem Zucker, glutenfrei

Kräuterdip

1 **Mayonnaise, Sojaquark** und **Kräutermischung** oder gehackte frische **Kräuter** verrühren. Dann **Zitronensaft, Salz** und **Pfeffer** einrühren und abschmecken.

Tipp • Wer es noch fettärmer wünscht, kann einfach weniger Mayo und dafür mehr Sojaquark in den Dip geben. Geschmack und Konsistenz ändern sich dadurch jedoch.

Burrito-Bowl

Vorbereitungszeit: 5 Minuten + ca. 25 Minuten Garzeit
Zubereitungszeit: 20 Minuten

Zutaten für 2 Portionen

½ TL Salz
125 g Naturreis
1 Romana-Salatherz (oder anderer Salat oder Babyspinat)
1 rote Zwiebel
150 g Kirschtomaten (oder 2 normal große Tomaten)
1 ½ Paprika (ich verwende ½ rote, ½ grüne und ½ gelbe)
90 g Kidneybohnen aus der Dose (oder schwarze Bohnen)
90 g Maiskörner aus der Dose
1 TL Öl zum Braten
1 Avocado
etwas Limettensaft
2 EL Mayonnaise (siehe Seite 96 oder veganes Fertigprodukt)

Nach Belieben zum Garnieren

Sesamsamen
Biolimettenspalten
Koriandergrün (oder Petersilie oder andere Kräuter)
Chiliflocken

Region: Mexiko

(1) 480 ml Wasser und **Salz** in einem Topf zum Kochen bringen. Dann den **Reis** einrühren, den Deckel aufsetzen und etwa 25 Minuten köcheln lassen, bis der Reis die gesamte Flüssigkeit aufgesogen hat. (2) In der Zwischenzeit **Salat** und **Zwiebel** klein schneiden. **Kirschtomaten** halbieren, größere Tomaten in Stücke schneiden. Die **Paprika** in Streifen schneiden. **Bohnen** und **Mais** getrennt abbrausen und abtropfen lassen. (3) Das **Öl** in einer Pfanne erhitzen und die Paprikastreifen darin etwa 3 Minuten anbraten, bis sie leicht gebräunt sind. (4) Die **Avocado** halbieren, entkernen, das Fruchtfleisch herausheben, in Scheiben schneiden und mit etwas **Limettensaft** beträufeln, damit die Avocado nicht braun wird. (Wer möchte, kann auch gleich Guacamole zubereiten, siehe unten.) (5) Für die Burrito-Bowls zuerst etwas Reis an den Schüsselrand geben. Dann Paprikastreifen, Salat, Zwiebeln, Tomaten, Kidneybohnen und Mais nebeneinander in die Bowls geben. (6) Mit Avocadoscheiben belegen und einen Klecks **Mayonnaise** dazugeben. (7) Nach Belieben mit **Sesam** bestreuen und mit **Limettenspalten, Koriander** oder anderen **Kräutern** und einigen **Chiliflocken** garnieren.

Tipps • Dazu passen knusprig aufgebackene Mais-Tortillas. • Meal Prep: Man kann den Reis im Voraus kochen und auch die Bohnen, wenn man keine Bohnen aus der Dose verwenden möchte. • Reste für den nächsten Tag im Kühlschrank aufbewahren. • Statt Mayonnaise kann man auch einen anderen Dip nehmen, zum Beispiel Dilldip (siehe Seite 104).

Nährwerte pro Portion: 617 kcal (F 28 g · KH 75 g · EW 15 g)
frei von raffiniertem Zucker, glutenfrei

Guacamole

Region: Karibik

Zubereitungszeit: 10 Minuten

Zutaten für 2 Portionen

1 große reife Avocado
2 Knoblauchzehen, gehackt
1 Spritzer Zitronensaft
Salz
gemahlener schwarzer Pfeffer

(1) Die **Avocado** halbieren, entkernen, das Fruchtfleisch herausheben, grob schneiden und mit **Knoblauch**, **Zitronensaft** und etwas **Salz** und **Pfeffer** pürieren – fertig!

Nährwerte pro Portion: 229 kcal (F 24 g · KH 2 g · EW 2 g)
frei von raffiniertem Zucker, glutenfrei

Hashbrowns – Kartoffelrösti

Vorbereitungszeit: 15 Minuten
Zubereitungszeit: 15 Minuten

Zutaten für 2 Portionen

500 g vorwiegend festkochende Kartoffeln, geschält oder mit Schale (je nach Vorliebe)
1 Zwiebel, fein gewürfelt
30 g Kichererbsenmehl (oder anderes/glutenfreies Mehl, z. B. Reis-, Weizen- oder Dinkelmehl)
1 TL Salz (oder nach Geschmack)
⅓ TL gemahlener schwarzer Pfeffer (oder nach Geschmack)
1 Prise gemahlene Muskatnuss (oder nach Geschmack)
Öl zum Braten

Nach Belieben zum Servieren (herzhaft)
Ketchup
Kräuterdip (siehe Seite 96) oder andere Dips
Beilagen und frische Kräuter nach Wunsch

Nach Belieben zum Servieren (süß)
Apfelmus
brauner Zucker
gemahlener Zimt

Nährwerte pro Portion: 324 kcal (F 9 g · KH 49 g · EW 8 g)
frei von raffiniertem Zucker, glutenfrei

(1) Zuerst die **Kartoffeln** reiben. Ein Küchentuch in eine große Schüssel legen. Die geriebenen Kartoffeln hineingeben, die Enden des Tuchs verdrehen und so viel Flüssigkeit wie möglich ausdrücken. (2) Die Flüssigkeit weggießen und die ausgedrückten Kartoffeln zurück in die Schüssel geben. **Zwiebeln, Kichererbsenmehl** und **Gewürze** (nach Geschmack) hinzugeben und alles zu einem Teig vermengen. (3) Die Mischung in sechs bis acht Portionen teilen, jede Portion zu einer Kugel formen und etwas flach drücken. (Für andere Röstiformen kann man alternativ eine Ausstechform verwenden.) (4) Etwas **Öl** in einer großen Bratpfanne erhitzen. Sobald es heiß ist, die Röstiportionen hineinlegen und mit einem Pfannenwender vorsichtig an den Pfannenboden drücken, um einen flachen Rösti zu formen. 3–5 Minuten pro Seite braten oder bis sie goldbraun und knusprig sind. (5) Die Hashbrowns sofort servieren, solange sie noch heiß sind. Dazu **Ketchup, Kräuterdip** oder andere Dips und Beilagen reichen. Wer eine süße Leckerei wünscht, kann die Hashbrowns mit **Apfelmus, Zucker** und **Zimt** servieren.

Tipps • Kartoffeln: Ich empfehle stärkehaltige Kartoffeln für eine gute Bindung, aber grundsätzlich sind alle Sorten geeignet. Sollte die Mischung nicht gut halten, kann man noch 1 EL Kartoffelmehl hinzugeben. • Wer die Rezeptmenge gleich verdoppelt, kann die ersten fertig gebratenen Hashbrowns im Backofen bei etwa 50 °C Ober-/Unterhitze warm halten, während die restlichen gebraten werden. • Gewürze/Gemüse: Man kann auch andere Gewürze oder zusätzliches Gemüse hinzufügen. Wenn du auf der Suche nach einer Süßkartoffelversion bist, probiere dieses Rezept mit Süßkartoffeln. • Zubereitung im Backofen: Du kannst die Hashbrowns auch im Ofen bei 200 °C Ober-/Unterhitze je nach Dicke 15–20 Minuten backen, dabei nach der Hälfte der Backzeit wenden.

Blumenkohl-Tacos mit Tahini-Sauce

Vorbereitungszeit: 15 Minuten +
15–20 Minuten Backzeit
Zubereitungszeit: 10 Minuten

Zutaten für 6 Tacos

Blumenkohl
350 g Blumenkohlröschen
1 EL Öl (z. B. Raps-, Sonnenblumen- oder Avocadoöl)
1 TL edelsüßes Paprikapulver
1 TL Chilipulver
1 TL gemahlener Kreuzkümmel
1 TL Knoblauchpulver
1 TL Salz

Tahini-Sauce
60 g Tahini (Sesampaste)
40 ml Olivenöl (oder Raps-, Sonnenblumen-, oder Avocadoöl)
Saft von 1–2 Limetten (oder 1 Zitrone; ca. 50 ml)
1 ½ EL mexikanische Chilisauce (oder nach Geschmack)
2 Knoblauchzehen, geschält
⅓ TL Salz (oder mehr nach Geschmack)

Tacos
6 kleine Mais-Tortillas
1 großes Romana-Salatherz, zerkleinert
1 Dose schwarze Bohnen (240 g Abtropfgewicht), abgebraust, abgetropft
1 kleine rote Zwiebel oder Frühlingszwiebel oder beides, in dünne Scheiben geschnitten
150 g Kirschtomaten, halbiert
½ Avocado, gewürfelt oder in Scheiben geschnitten
1–2 Jalapeños oder ½ grüne Paprika, in Ringe oder Streifen geschnitten
Petersilie oder Koriandergrün
1–2 TL Sesamsamen
Biolimettenspalten

Nährwerte pro Portion: 330 kcal
(F 21 g · KH 11 g · EW 9 g)
frei von raffiniertem Zucker, glutenfrei

1 Den Backofen auf 200 °C Ober-/Unterhitze vorheizen und ein Backblech mit Backpapier auslegen. 2 **Blumenkohl, Öl** und **Gewürze** in einer großen Schüssel vermengen und die Röschen mit genügend Abstand zueinander auf das vorbereitete Blech geben. 3 Im vorgeheizten Ofen 15–20 Minuten rösten, bis der Blumenkohl zart ist und anfängt, knusprig zu werden. Herausnehmen und etwas abkühlen lassen. 4 Für die Tahini-Sauce alle **Zutaten** mit 60 ml Wasser in den Mixer oder die Küchenmaschine geben (oder den Stabmixer verwenden) und pürieren, bis die Sauce glatt und cremig ist (bei Bedarf etwas mehr Wasser hinzufügen). 5 Für die Tacos die **Tortillas** ein paar Sekunden in einer Pfanne erwärmen. Dann mit **Salat, schwarzen Bohnen,** Blumenkohl, **Zwiebeln, Tomaten** und **Avocado** belegen. Mit der Tahini-Sauce beträufeln und mit **Jalapeños, Petersilie** oder **Koriander** und **Sesam** garnieren. 6 Sofort mit **Limettenspalten** und Tahini-Sauce servieren und genießen!

Tipp ● Reste der Tahini-Sauce können in einem luftdicht schließenden Behälter oder einem verschlossenen Glas im Kühlschrank bis zu 1 Woche aufbewahrt werden.

Fisch-Nuggets

Vorbereitungszeit: 10 Minuten + mind. 2 Stunden Marinierzeit
Zubereitungszeit: 25 Minuten

Zutaten für 2 Portionen

Tofu-Fisch
400 g Tofu Natur
½ Noriblatt, gehackt
3 EL Rapsöl (oder Sonnenblumenöl)
2 EL Zitronensaft
1 TL Salz
1 TL Ahornsirup (oder Agavendicksaft)
Bratöl zum Frittieren
Biozitronenspalten zum Servieren (optional)

Dilldip
125 g Sojajoghurt Natur
75 g Mayonnaise (siehe Seite 96 oder veganes Fertigprodukt)
¼ TL Salz
¼ TL gemahlener schwarzer Pfeffer
½ Bund Dill, gehackt (oder ½ TL getrockneter Dill)
1 TL Zitronensaft

Bierteig
80 g Dinkelmehl Type 630 (oder glutenfreies Mehl)
⅔ TL Salz
⅔ TL gemahlener schwarzer Pfeffer
1 Prise gemahlene Kurkuma
100 ml dunkles Bier

Tofu-Fisch (1) Den **Tofu** in Küchenpapier einwickeln und die Flüssigkeit herauspressen. (2) Dann den Tofu waagerecht in drei Scheiben schneiden und jede Scheibe zu vier Nuggets schneiden. (Tofureste für eine Gemüsepfanne oder vegane Bolognese verwenden. Oder auch Dreiecke oder klassische Fischstäbchen ausschneiden, sodass nichts übrig bleibt.) (3) **Noriblatt, Rapsöl, Zitronensaft, Salz** und **Ahornsirup** in einer Schüssel verrühren. Die Tofustücke in die Marinade geben, gut vermengen und mindestens 2 Stunden (oder über Nacht im Kühlschrank) ziehen lassen.

Dilldip (1) Am nächsten Tag alle **Zutaten** für den Dip in einer Schüssel verrühren und abschmecken. Beiseitestellen.

Bierteig (1) Alle **Zutaten** für den Bierteig in einer Schüssel verrühren. (2) **Bratöl** mindestens 1 cm hoch in eine große Pfanne oder einen flachen Topf füllen und erhitzen. Wenn man einen Holzspieß hineinhält und sich Bläschen daran bilden, ist das Öl heiß genug. (3) Die Tofustücke mit einer Zange in den Bierteig tunken und ins heiße Fett geben. Portionsweise etwa 2 Minuten pro Seite frittieren, bis die Nuggets goldbraun und knusprig sind. Dann herausnehmen und auf Küchenpapier abtropfen lassen, bis alle frittiert sind. (4) Die Nuggets mit dem Dip und nach Belieben mit **Zitronenspalten** servieren.

Tipps • Mehl: Statt Dinkelmehl kann auch Weizenmehl Type 405 oder eine glutenfreie Mehlmischung 1:1 verwendet werden. • Ahornsirup: Alternativ lässt sich jeder andere Sirup, Zucker oder Zuckerersatz nach Belieben einsetzen. • Sojajoghurt: Wer gegen Soja allergisch ist, kann anderen pflanzlichen Joghurt verwenden. • Mayo: Wer eine fettarme Alternative wünscht, gibt einfach mehr pflanzlichen Joghurt in den Dip. Geschmack und Konsistenz werden sich dadurch jedoch stark verändern. • Bier: Ohne das Bier geht der Teig beim Frittieren nicht auf. Wer kein Bier für seine Panade verwenden möchte, kann stattdessen auch Sprudelwasser nehmen.

Nährwerte pro Portion: 796 kcal (F 57 g · KH 35 g · EW 29 g) frei von raffiniertem Zucker, optional glutenfrei (mit glutenfreiem Mehl)

No Knead Bread – Brot ohne Kneten

Vorbereitungszeit: 5 Minuten + mind. 12 Stunden Ruhezeit
Zubereitungszeit: 10 Minuten + 30–40 Minuten Ruhezeit + 40–45 Minuten Backzeit + 20 Minuten Abkühlzeit

Zutaten für ca. 16 Scheiben
¼ Würfel frische Hefe (10 g; oder ¾ TL Trockenhefe)
400 g Weizen- oder Dinkelmehl (siehe Tipps) + etwas mehr zum Bestäuben
2 TL Salz

Außerdem
Gärkörbchen (oder Schüssel)
gusseiserne Cocotte (Ø 22–24 cm; alternativ Edelstahltopf, Römertopf oder Backform mit Deckel)

Nährwerte pro Scheibe (à ca. 50 g):
84 kcal (F 0 g · KH 18 g · EW 3 g)
frei von raffiniertem Zucker

1 Die **Hefe** in eine große Schüssel bröseln, 360 ml handwarmes Wasser (etwa 38 °C) dazugeben und die Hefe darin auflösen. 5–6 Minuten ruhen lassen, bis die Mischung zu schäumen beginnt. (Die Wartezeit ist optional, aber so weiß man, dass die Hefe intakt ist. Wer nicht warten möchte, kann sofort weitermachen.) 2 **Mehl** und **Salz** hinzugeben und verrühren, bis alles eingearbeitet ist. (Der Teig wird relativ dünn, klebrig und zäh, aber so soll er auch sein.) 3 Die Schüssel mit Frischhaltefolie oder einem Küchentuch abdecken und bei Raumtemperatur 2–3 Stunden gehen lassen. Dann über Nacht in den Kühlschrank stellen (mindestens 10, maximal 20 Stunden). 4 Den Teig auf die gut (!) **bemehlte** Arbeitsfläche geben und mit **Mehl** bestreuen. Dann rundum immer wieder von außen zur Mitte hin falten, bis die Form eines Laibes entsteht. (Da der Teig sehr weich ist, klappt das am besten mithilfe einer Teigkarte.) Anschließend mit der Faltseite nach unten auf Backpapier legen, in das Gärkörbchen oder eine Schüssel setzen, abdecken und 30–40 Minuten gehen lassen. 5 Inzwischen den Backofen samt Cocotte auf 230 °C Ober-/Unterhitze vorheizen (mindestens 30 Minuten, damit der Topf auch richtig heiß wird). 6 Den Teigling nach Belieben vor dem Backen noch mal mit etwas **Mehl** bestäuben und mit einem scharfen Messer einritzen (ist aber kein Muss). 7 Den heißen Topf mit Backhandschuhen aus dem Ofen nehmen (Achtung – nicht verbrennen!) und den Teigling vorsichtig samt Backpapier in den Topf plumpsen lassen. Den Deckel aufsetzen und im Ofen 30 Minuten backen. Dann den Deckel abnehmen und weitere 10–15 Minuten backen, bis das Brot goldbraun ist. 8 Herausnehmen und 20 Minuten abkühlen lassen. Dann erst anschneiden und schmecken lassen!

Fortsetzung auf Folgeseite ▶

Fortsetzung

No Knead Bread – Brot ohne Kneten

Tipps ● Mehl: Am besten eignet sich helles Weizen- oder Dinkelmehl (Type 405 bzw. 630), aber man kann auch verschiedene Mehlsorten miteinander mischen. Ich empfehle jedoch, nicht mehr als 50 % Vollkornmehl zu verwenden, sonst wird das Brot zu kompakt. Roggenmehl eignet sich hier nicht so gut, aber 20 % sind okay. ● Wer möchte, kann auch Samen und Kerne in den Teig mischen oder nur als Topping daraufstreuen. ● Ich empfehle, das Brot in einer Cocotte (gusseiserner Topf/Bräter) zu backen, damit es von außen richtig knusprig und von innen weich und saftig wird. Man kann es aber auch in einem einfachen Edelstahltopf, einem Römertopf, einer Backform mit Deckel oder Ähnlichem backen. ● Wie lange und wo man den Teig gehen lässt, ist eigentlich relativ egal. Man kann ihn auch sofort in den Kühlschrank stellen oder die ganze Zeit bei Raumtemperatur stehen lassen. Grundsätzlich sollte man dem Teig insgesamt 12–20 Stunden Ruhezeit lassen. ● Das Brot sollte am besten innerhalb von 2 Tagen verzehrt werden. Für eine längere Aufbewahrung kann man es einfrieren.

Pilz-Wellington

Vorbereitungszeit: 10 Minuten
Zubereitungszeit: 30 Minuten + ca. 20 Minuten Backzeit

Zutaten für 6 Portionen

Füllung

750 g Champignons (oder andere Pilze nach Wahl)
1 ½ EL Olivenöl
1 große Zwiebel, gewürfelt
Salz
gemahlener schwarzer Pfeffer
4 Knoblauchzehen, gehackt
150 g Spinat (optional)
125 g gekochter Reis (optional Linsen aus der Dose oder mehr Pilze)
2 EL mittelscharfer Senf
100 g gehackte Walnusskerne (oder Pekannusskerne, optional)
60 g veganer geriebener Käse oder Parmesan (optional)
4 Zweige Thymian, Blätter abgezupft

Blätterteigmantel

1 Rolle veganer Blätterteig (270 g; Fertigprodukt aus dem Kühlregal, optional glutenfreien kaufen)
2–4 EL ungesüßte Pflanzenmilch
1 Prise gemahlene Kurkuma (optional)

Füllung 1 Die **Pilze** klein schneiden. (Optional drei bis vier große Pilze für die Platzierung in der Mitte der Füllung beiseitelegen.) 2 1 EL **Öl** in einer großen Pfanne erhitzen und die **Zwiebeln** darin etwa 3 Minuten goldgelb anbraten. Die Pilze dazugeben, mit **Salz** und **Pfeffer** würzen und etwa 5 Minuten goldbraun braten. Anschließend zum Abtropfen auf Küchenpapier legen. 3 Das restliche **Öl** in der Pfanne erhitzen und den **Knoblauch** darin einige Sekunden rösten. Den **Spinat,** falls verwendet, dazugeben und 2–3 Minuten dünsten, bis er zusammengefallen ist. Anschließend gut ausdrücken. (Statt frischen Spinat kann man auch gefrorenen Spinat auftauen und gut auspressen.) 4 Die Pilze zum gekochten **Reis** geben. Spinat, **Senf,** gehackte **Nüsse** sowie nach Belieben veganen **Käse** hinzufügen, gut vermengen und gut würzen. Die Mischung auf Frischhaltefolie geben und zu einem Brotlaib formen. Dann, falls beiseitegelegt, die großen Pilze mittig in die Füllung drücken, mit **Thymian** bestreuen, fest mit Folie umwickeln und in den Kühlschrank stellen.

Blätterteigmantel 1 Den Backofen auf 200 °C Ober-/Unterhitze vorheizen. 2 Den **Blätterteig** auf einem mit Backpapier ausgelegten Backblech ausrollen. Die Füllung mittig platzieren, dabei einen Rand lassen, und die Folie abziehen. 3 Den Blätterteig vorsichtig über die Füllung legen und die Kanten andrücken. Den Laib vorsichtig wenden, sodass sich die Teignaht unten befindet. 4 Mit einem scharfen Messer kreuzweise ein paar Schlitze andeuten (den Teig nicht komplett einschneiden) und mit pflanzlicher **Milch** bestreichen (optional für eine schöne Farbe gemahlene **Kurkuma** in die

Fortsetzung auf Folgeseite

Fortsetzung

Pilz-Wellington

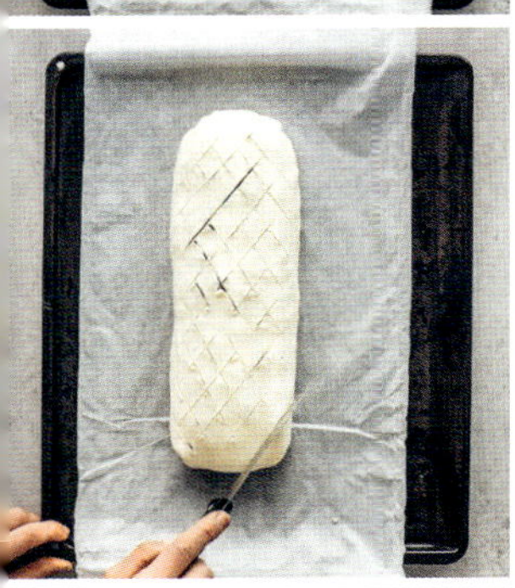

frische Kräuter zum Garnieren
(z. B. Rosmarin)

Nach Belieben zum Servieren

Rahmchampignons
(siehe Seite 137)

Kartoffelpüree (siehe Seite 138)

oder andere Beilagen nach Wahl
(z. B. gedämpfter Rotkohl)

Nährwerte pro Portion: 418 kcal
(F 29 g · KH 27 g · EW 10 g)
frei von raffiniertem Zucker,
optional glutenfrei (mit glutenfreiem Blätterteig)

Milch rühren). 5 Im vorgeheizten Ofen etwa 20 Minuten goldbraun backen. 6 Den Pilz-Wellington mit **Kräutern** garnieren, in Scheiben schneiden und sofort servieren. Nach Belieben **Rahmchampignons, Kartoffelpüree** oder andere Beilagen dazu reichen.

Tipps ● Der Pilz-Wellington schmeckt am besten, wenn er frisch gebacken sofort serviert wird. Falls aber noch Reste übrig bleiben sollten, am nächsten Tag am besten im vorgeheizten Ofen etwa 10 Minuten aufbacken. ● Die Füllung kann man auch am Tag vorher zubereiten und kalt stellen. ● Es ist ein vielseitiges Rezept, sodass man der Füllung beliebige weitere Zutaten hinzufügen kann (sofern genug Platz ist). Wichtig ist nur, dass die Füllung nicht zu feucht ist, da der Blätterteig sonst weich wird. Sollte die Masse dennoch zu feucht oder unstabil sein, kann man 2–3 EL Haferflocken oder gemahlene Leinsamen hinzugeben, um die Feuchtigkeit zu binden.

Kartoffelspiralen

Zubereitungszeit: 15 Minuten + 30–35 Minuten Backzeit

Zutaten für 3 Portionen

6 mittelgroße festkochende Kartoffeln
2–3 EL Olivenöl
2 TL edelsüßes Paprikapulver
1 TL Knoblauchpulver
1 TL italienische getrocknete Kräutermischung (z. B. aus Oregano, Rosmarin, Basilikum und Thymian)
1 TL Salz
½ TL gemahlener schwarzer Pfeffer

Nach Belieben zum Servieren
grobes Meersalz
Petersilie oder Basilikum (oder andere frische Kräuter)
Mayonnaise oder Aioli (siehe Seite 96 oder veganes Fertigprodukt) oder anderer Dip nach Wahl

Nährwerte pro Portion: 196 kcal (F 16 g · KH 5 g · EW 7 g)
frei von raffiniertem Zucker, glutenfrei

(1) Den Backofen (oder einen Airfryer) auf 200 °C Ober-/Unterhitze (oder 180 °C Umluft) vorheizen und ein Backblech mit Backpapier auslegen. (2) Die **Kartoffeln** waschen und gut trocken tupfen. Dann jeweils auf einen Holzspieß stecken und rundherum mit einem kleinen, scharfen Messer wie eine Spirale einschneiden (je dünner man die Spiralen schneidet, desto knuspriger werden sie). Alternativ kann man die Kartoffeln auch durch einen Spiralschneider drehen. (3) Anschließend vorsichtig auseinanderziehen und auf das vorbereitete Blech legen. (4) Die restlichen **Zutaten** in einer Schüssel zu einer Marinade vermischen und die Kartoffeln mit der Hälfte davon bestreichen. (5) Die Kartoffelspiralen im vorgeheizten Ofen 20 Minuten backen. Dann wenden, mit der restlichen Marinade bestreichen und noch 10–15 Minuten backen, bis die Kartoffeln knusprig sind (im Airfryer brauchen sie nur etwa 15 Minuten). (6) Aus dem Ofen nehmen und nach Belieben mit grobem **Meersalz** und frischen **Kräutern** bestreuen. Mit **Mayonnaise** oder **Aioli** oder einem anderen Dip nach Wahl servieren und schmecken lassen!

Tipp • Man kann die marinierten Spiralkartoffeln auch in eine Grillschale geben und auf dem Grill rösten oder für ein knusprigeres Ergebnis in einer Fritteuse frittieren.

Region: USA

Vanille-Himbeer-Eispops mit Schokoglasur

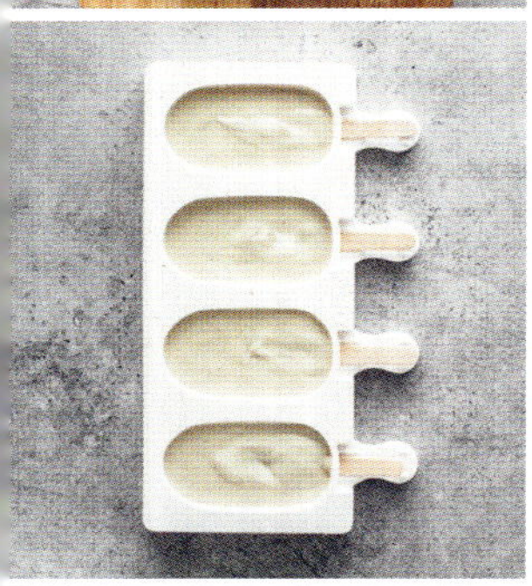

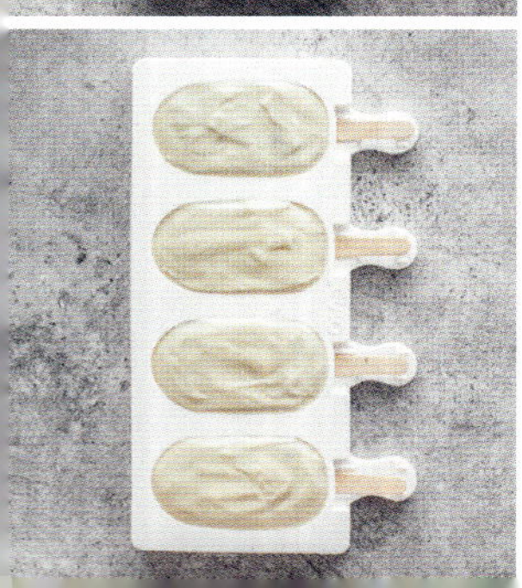

Vorbereitungszeit: 2 Minuten + Einweichzeit über Nacht
Zubereitungszeit: 15 Minuten + mind. 3–4 Stunden Gefrierzeit

Zutaten für 8 Eispops

Eiscreme
150 g Cashewkerne
200 g Kokoscreme (von einer 400-g-Dose Kokosmilch; Tipps siehe Seite 122)
2 EL Ahornsirup (oder anderer Sirup/Zucker)
2 TL Vanilleextrakt

Himbeerfüllung
150 g TK-Himbeeren
1 ½ EL Ahornsirup (oder anderer Sirup/Zucker)
1 EL Chiasamen

Schokoglasur
150 g vegane Zartbitterschokolade (70 % Kakaoanteil), gehackt
1 ½ EL Kokosöl

Nach Belieben zum Dekorieren
bunte Zuckerperlen oder Zuckerdekor (siehe Tipps)

Außerdem
8 Silikon-Eisformen

Nährwerte pro Portion: 450 kcal
(F 37 g · KH 20 g · EW 8 g)
glutenfrei

Eiscreme (1) Die **Cashews** mit Wasser bedecken und über Nacht einweichen (oder in einem kleinen Topf 15 Minuten kochen, wenn es schnell gehen soll). (2) Die eingeweichten Cashews in ein Sieb abgießen und mit frischem Wasser abbrausen. (3) Cashews, **Kokoscreme, Ahornsirup** und **Vanilleextrakt** in den Hochleistungsmixer oder die Küchenmaschine geben und cremig pürieren (oder einen leistungsstarken Stabmixer verwenden).

Himbeerfüllung (1) Die **TK-Himbeeren** in einem Topf erhitzen und kurz köcheln lassen, bis man sie leicht mit einer Gabel zerdrücken kann. **Ahornsirup** und **Chiasamen** unterrühren und beiseitestellen, bis die Mischung eindickt, dabei gelegentlich umrühren, damit sich keine Klümpchen bilden. (2) Die Hälfte der Cashewcreme in die Silikon-Eisformen füllen und mit einem Stiel versehen. Etwa 1 EL Himbeerfüllung pro Form in der Mitte verteilen. Dann die restliche Cashewcreme daraufgeben, glatt streichen und ins Gefrierfach stellen, bis das Eis vollständig gefroren ist (mindestens 3–4 Stunden oder besser über Nacht).

Schokoglasur (1) Die **Schokolade** hacken, mit dem **Kokosöl** in einen Topf geben und über einem heißen Wasserbad langsam schmelzen. (2) Die Eispops vorsichtig aus der Form lösen und in die Schokoglasur tunken. Auf Backpapier legen und die Schokolade aushärten lassen (wem die Schokoladenschicht zu dünn ist, kann man die Eispops ein zweites Mal eintunken). (3) Anschließend nach Belieben dekorieren und bis zum Verzehr im Gefrierfach aufbewahren. (4) Vor dem Verzehr mindestens 15 Minuten antauen lassen, damit das Eis cremiger wird.

Fortsetzung auf Folgeseite ▶

Fortsetzung

Vanille-Himbeer-Eispops mit Schokoglasur

Tipps ● Cashews: Statt Cashews kann man auch blanchierte Mandeln, Macadamias oder Erdnüsse nehmen. Wer keinen Mixer oder Ähnliches hat, der kann auch gekauftes Nussmus in gewünschter Sorte nehmen. Insbesondere wenn man eine kleinere Menge machen möchte, empfiehlt sich das, da kleine Mengen im Mixer schwierig zu mixen sind. ● Kokoscreme: Wer kein Kokosfan ist, kann stattdessen auch 100 g veganen Frischkäse + 100 g Pflanzensahne nehmen, um eine ähnliche Konsistenz zu erhalten. ● Himbeeren: Die Himbeerfüllung kann prima im Voraus zubereitet werden. Wenn man frisches Obst verwendet und die Füllung dick genug ist, kann man die Chiasamen weglassen. Auch gekaufte Marmelade funktioniert gut. ● Füllung: Man kann auch ganz andere Beeren und Früchte wie Erdbeeren, Kirschen, Blaubeeren, Brombeeren oder Johannisbeeren nehmen oder eine Schokoladen- oder Karamellfüllung herstellen oder die Füllung komplett weglassen. ● Schokolade: Andere Schokoladensorten wie vegane weiße Schokolade sind ebenfalls geeignet. ● Dekoration: Ich habe bunte Streusel genommen. Gehackte Nüsse wie Mandelsplitter, Pistazien und Haselnüsse oder Kokosraspel, gefriergetrocknete Himbeeren oder Erdbeeren oder farbige Zuckerglasur machen sich auch sehr gut – hier gibt es zahlreiche Möglichkeiten!

Region: USA

Blueberry Pie

Vorbereitungszeit: 10 Minuten + mind. 30 Minuten Kühlzeit
Zubereitungszeit: 20–25 Minuten + 50–60 Minuten Backzeit

Zutaten für 12 Stücke

Mürbeteig

300 g Weizenmehl Type 405 (oder glutenfreies Mehl) + etwas mehr zum Bestäuben
2 EL Puderzucker
¾ TL Salz
195 g kalte vegane Butter, gewürfelt + etwas mehr zum Einfetten

Blaubeerfüllung

800 g kanadische Wildblaubeeren (oder gewöhnliche Blaubeeren)
90 g Zucker
30 g Speisestärke (oder Vanille-Puddingpulver)
½ TL fein abgeriebene Biozitronenschale
2 EL Zitronensaft

Mürbeteig 1 **Mehl, Puderzucker** und **Salz** in einer großen Schüssel vermischen. Die gewürfelte vegane **Butter** hinzugeben und mit den Händen in das Mehl einarbeiten. Nach und nach 3 EL kaltes Wasser hinzufügen und nur so lange kneten, bis ein Teig entsteht. (Oder alle Zutaten in die Küchenmaschine geben und den Teig darin zubereiten.) 2 Den Teig halbieren, zu Kugeln formen und flach drücken. Dann in Frischhaltefolie wickeln und mindestens 30 Minuten in den Kühlschrank stellen.

Blaubeerfüllung 1 Den Backofen auf 180 °C Ober-/Unterhitze vorheizen. 2 Die **Blaubeeren** in eine Schüssel geben und mit **Zucker, Speisestärke, Zitronenschale** und **Zitronensaft** vermischen. Dann beiseitestellen. 3 Eine Hälfte des Teiges auf einer leicht **bemehlten** Arbeitsfläche zu einem Kreis ausrollen. In die **gefettete** Pie-Form geben und den Teig am Boden und am Rand vorsichtig andrücken. Den Boden mit einer Gabel mehrmals einstechen und dann mit der Blaubeermischung befüllen. 4 Nun die andere Teighälfte ausrollen, in Streifen schneiden und so auf die Füllung legen, dass ein Gittermuster entsteht (oder optional mit dem ausgerollten Teig als Ganzes bedecken). Dann den überhängenden Teig abschneiden und die Ränder etwas festdrücken. 5 Wer möchte, kann aus dem restlichen Teig Kekse als Dekoration für den Kuchen herstellen. Dafür die Teigreste zu einer Kugel formen, erneut ausrollen und mit einem Keksausstecher die gewünschten Motive ausstechen. Dann auf den Kuchen legen und leicht andrücken.

Fortsetzung auf Folgeseite

Fortsetzung

Blueberry Pie

Zum Bestreichen und Bestreuen
etwas ungesüßte Pflanzenmilch oder -sahne
1–2 EL brauner Zucker

Nach Belieben zum Servieren
vegane Eiscreme
Sirup nach Wahl

Außerdem
hohe Pie-Form (Ø 20–22 cm)

Nährwerte pro Portion: 288 kcal (F 5 g · KH 40 g · EW 3 g)
optional glutenfrei (mit glutenfreiem Mehl)

Pie backen 1 Die Pie-Oberfläche mit etwas **Pflanzenmilch** oder **-sahne** bestreichen und mit **braunem Zucker** bestreuen. 2 Im vorgeheizten Ofen 50–60 Minuten goldbraun backen. Sollte der Kuchen beim Backen zu dunkel werden, entweder nur die Ränder oder gleich die gesamte Oberfläche mit Alufolie abdecken. 3 Den Blaubeer-Pie aus dem Ofen nehmen und abkühlen lassen. 4 Nach Belieben mit einer Kugel veganer **Eiscreme** und **Sirup** servieren.

Tipps • Für einen glutenfreien Kuchen eine glutenfreie Mehlmischung verwenden. • Um diesen Kuchen ohne raffinierten Zucker zu machen, kannst du Kokosblütenzucker oder Erythrit nehmen. Natürlich kann man ansonsten auch normalen weißen Zucker in den Teig einarbeiten. • Wenn du den Pie mit dem ganzen ausgerollten Teig bedecken möchtest, ein Kreuz oder Loch in die Mitte des Deckels schneiden oder ihn ein paar Mal mit einer Gabel einstechen, damit der entstehende Dampf entweichen kann. • Ich habe kanadische Wildblaubeeren genommen, die blaues Fruchtfleisch haben, aber du kannst auch zu normalen Blaubeeren greifen.

Melktert – südafrikanische Milch-Tarte

Vorbereitungszeit: 15 Minuten + 30 Minuten Gefrierzeit
Zubereitungszeit: 30 Minuten + 40–45 Minuten Backzeit + Kühlzeit über Nacht + ca. 30 Minuten Kühlzeit

Zutaten für 12 Stücke

Mürbeteig

- 250 g Weizenmehl Type 405 oder Dinkelmehl Type 630 (oder glutenfreies Mehl; siehe Tipps)
- 50 g Zucker
- ½ TL Salz
- 120 g vegane Butter (kalt), in kleine Würfel geschnitten + etwas mehr zum Einfetten
- 2 EL ungesüßte Pflanzensahne
- 1 Prise gemahlene Kurkuma (optional; zum Bestreichen des Teigrands für Glanz und goldene Farbe)

Puddingfüllung

- 1 Dose Kokosmilch (400 ml)
- 120 ml ungesüßte Pflanzenmilch (Sorte nach Belieben)
- 60 g Speisestärke (oder 1 ½ Pck. Vanille-Puddingpulver)
- 2 TL Vanilleextrakt (kann man bei Verwendung von Vanille-Puddingpulver weglassen)
- 75 g Zucker (Sorte nach Belieben)
- 120 g veganer Frischkäse (oder Sojaquark Natur)

Mürbeteig (1) **Mehl, Zucker** und **Salz** in einer großen Schüssel vermischen. Die kalte vegane **Butter** und 5–6 EL kaltes Wasser zugeben und mit den Händen (oder in der Küchenmaschine) zu einem glatten Teig kneten. (2) Den Teig zu einer Kugel formen, flach drücken und zwischen zwei Lagen Backpapier (oder Folie) ausrollen. In die leicht **gefettete** Tarteform geben und gleichmäßig in die Form drücken. (3) Den Teigboden ein paar Mal mit einer Gabel einstechen. Dann die Form 30 Minuten ins Gefrierfach stellen. (Durch das Gefrieren braucht der Teig beim Backen nicht mit Backbohnen beschwert zu werden.) (4) Inzwischen den Backofen auf 200 °C Ober-/Unterhitze vorheizen. Die Tarteform in den vorgeheizten Ofen geben und 20–25 Minuten vorbacken.

Puddingfüllung (1) Kurz vor Ende der Backzeit die **Kokosmilch** in einem Topf aufkochen. Währenddessen in einer kleinen Schüssel **Pflanzenmilch, Speisestärke** (oder **Puddingpulver), Vanilleextrakt** und **Zucker** glatt rühren. Dann in die heiße Kokosmilch einrühren, erneut aufkochen und unter ständigem Rühren kurz köcheln lassen, bis der Pudding dick und cremig ist. (2) Den veganen **Frischkäse** (oder **Sojaquark)** mit dem Handrührgerät in den Pudding einarbeiten und die Masse auf den vorgebackenen Mürbeteig streichen (optional kann man für mehr Glanz **Pflanzensahne** und **Kurkuma** mischen und die Ränder der Tarte nun damit bestreichen). (3) Die Tarte zurück in den Ofen schieben und weitere etwa 20 Minuten fertig backen. Anschließend vollständig abkühlen lassen und über Nacht in den Kühlschrank stellen, damit die Füllung fest wird.

Kaffee-Mousse (1) Am nächsten Tag die Tarte aus der Form nehmen, indem man vorsichtig von unten gegen den Hebeboden drückt. (2) In einer hohen Rührschüssel die **Pflanzensahne** mit dem Handrührgerät aufschlagen, dabei langsam den **Zucker** einrieseln lassen. Beiseitestellen. (3) **Kaffee** und **Pflanzenmilch** in einen kleinen Topf geben und das **Agar-Agar** einrühren, bis sich das Pulver vollständig aufgelöst hat. Unter Rühren zum Kochen bringen und etwa 2 Minuten köcheln

Fortsetzung auf Folgeseite

Fortsetzung

Melktert – südafrikanische Milch-Tarte

Kaffee-Mousse
100 ml vegane Schlagcreme (oder andere aufschlagbare Pflanzensahne oder Kokoscreme; siehe Tipps)
2 EL Zucker (nach Geschmack)
80 ml kalter starker Kaffee
40 ml ungesüßte Pflanzenmilch
½ TL Agar-Agar (ausreichend für 250 ml)
2 EL Sojajoghurt Natur (oder anderer veganer Joghurt)

Topping
gemahlener Zimt zum Bestäuben
Beeren nach Wahl (optional)

Außerdem
Tarteform mit Hebeboden oder Springform (Ø 25–26 cm)

Nährwerte pro Portion: 330 kcal (F 20 g · KH 34 g · EW 4 g)
optional glutenfrei (mit glutenfreiem Mehl)

lassen (oder laut Packungsanleitung). 4 Vom Herd nehmen und den **Joghurt** einrühren. Sobald die Mischung zu gelieren beginnt, vorsichtig unter die aufgeschlagene Pflanzensahne ziehen. Nur so lange rühren, bis alles gut vermischt ist, damit die aufgeschlagene Sahne nicht komplett zusammenfällt. Die Kaffee-Mousse sofort auf die Tarte streichen und etwa 30 Minuten kalt stellen.

Topping 1 Die Tarte mit **Zimt** bestreuen und nach Belieben mit **Beeren** oder anderen Toppings dekorieren.

Tipps • Glutenfreier Mürbeteig: Du kannst das Mehl durch eine glutenfreie Mehlmischung 1:1 ersetzen. Ich empfehle dann, ein zusätzliches Leinsamen-Ei hinzuzufügen, damit der Teig besser zusammenhält (1 EL gemahlene Leinsamen in 3 EL heißes Wasser rühren und etwa 5 Minuten quellen lassen). • Kokosmilch: Du kannst auch eine andere Pflanzenmilch oder -sahne oder ein sahniges Getränk mit Geschmack verwenden. Sollte es gesüßt sein, weniger Zucker verwenden. Am besten einfach mal probieren. • Pflanzensahne: Statt Schlagcreme oder aufschlagbarer Pflanzensahne kannst du reine Kokoscreme verwenden. Um diese selbst herzustellen, eine Dose vollfette Kokosmilch über Nacht unberührt in den Kühlschrank stellen. Am nächsten Tag die feste Kokoscreme von der Oberfläche abnehmen und das übrige flüssige Kokoswasser anderweitig verwenden. • Agar-Agar-Produkte unterscheiden sich in der Dosierung, daher auf die Zutatenliste schauen, ob es sich um 100 % Agar-Agar handelt. Ansonsten kannst du die Menge laut Packungsanweisung anpassen. Es sollte ausreichend für 250 ml Flüssigkeit sein. • Die Kaffee-Mousse schmeckt auch als Dessert im Glas sehr gut. Für vier Gläser die angegebene Menge im Rezept verdoppeln. • Vorbereiten: Du kannst den Mürbeteig im Voraus zubereiten und in Folie eingewickelt bis zu 5 Tage im Kühlschrank lagern oder bis zu 3 Monate einfrieren. Zum Auftauen dann einfach über Nacht in den Kühlschrank legen.

Lemon Cheesecake

Vorbereitungszeit: 10 Minuten
Zubereitungszeit: 20 Minuten + ca. 60 Minuten Backzeit + 10 Minuten Ruhezeit + Abkühlzeit + Kühlzeit über Nacht + ca. 60 Minuten Kühlzeit

Zutaten für 12 Stücke

Mürbeteig

200 g Weizenmehl Type 405 oder Dinkelmehl Type 630 (oder glutenfreies Mehl; siehe Tipps)
1 TL Backpulver
⅓ TL Salz
75 g Zucker (Sorte nach Belieben)
100 g vegane Butter (kalt), in kleine Würfel geschnitten + etwas mehr zum Einfetten

Käsefüllung

250 g Sojaquark (z. B. „Skyr-Style", zimmerwarm; siehe Tipps)
300 g veganer Frischkäse (zimmerwarm)
120 ml Soja-Cuisine (oder andere Pflanzensahne; zimmerwarm)
60 ml Zitronensaft
abgeriebene Schale von 1 Biozitrone
5 EL Speisestärke (oder 1 Pck. Vanille-Puddingpulver)
2 TL Vanilleextrakt

Mürbeteig 1 Den Backofen auf 180 °C Ober-/Unterhitze vorheizen. Den Rand der Springform einfetten, den Boden mit Backpapier auslegen und die Form kurz ins Gefrierfach stellen. (Wenn die Form nämlich vorgekühlt ist, bleibt der Mürbeteig auch kühl, sodass man den Rand später leichter formen kann.) 2 **Mehl, Backpulver, Salz** und **Zucker** in einer Schüssel vermischen. Die klein gewürfelte vegane **Butter** und 2 EL kaltes Wasser hinzugeben und alles rasch zu einem Teig verkneten. 3 Den Teig auf einem Stück Frischhaltefolie oder Backpapier zu einem Kreis ausrollen. Dann in die vorbereitete Springform legen und gleichmäßig am Boden und am Rand festdrücken. Zuletzt den Boden einige Male mit einer Gabel einstechen und bis zum weiteren Gebrauch in den Kühlschrank stellen.

Käsefüllung 1 **Sojaquark,** veganen **Frischkäse, Soja-Cuisine, Zitronensaft, Zitronenschale, Speisestärke, Vanilleextrakt, Zucker** und **Kurkuma** (optional) cremig mixen und auf den Mürbeteigboden geben. 2 Im vorgeheizten Ofen etwa 60 Minuten backen (wenn die Oberfläche oder die Ränder zu dunkel werden, locker mit einem Stück Backpapier abdecken). 3 Den Ofen ausschalten und den Käsekuchen noch 10 Minuten im Ofen stehen lassen. Herausnehmen, vollständig abkühlen lassen und über Nacht in den Kühlschrank stellen (es ist vollkommen okay, wenn der Käsekuchen nach dem Backen etwas wackelig erscheint, denn er wird im Kühlschrank fester).

Lemon Curd 1 Am nächsten Tag für das Topping den Lemon Curd zubereiten (ich habe nur 2 EL Zucker genommen). Anschließend etwas abkühlen lassen und langsam auf den Kuchen gießen, dann etwa 60 Minuten im Kühlschrank fest werden lassen.

Fortsetzung auf Folgeseite ▶

Fortsetzung

Lemon Cheesecake

150 g Zucker
1 Prise gemahlene Kurkuma (optional; für eine gelbere Farbe)

Lemon Curd
½ Rezeptmenge Lemon Curd (siehe Seite 128)

Nach Belieben zum Dekorieren
steif geschlagene vegane Schlagcreme (oder andere aufschlagbare Pflanzensahne)
Beeren (z. B. Blaubeeren und Brombeeren)
Biozitronenscheiben
kleine Minzeblättchen

Außerdem
Springform (Ø 20–22 cm)

Nährwerte pro Portion: 320 kcal (F 10 g · KH 43 g · EW 5 g)
optional glutenfrei (mit glutenfreiem Mehl)

Dekorieren 1 Den Lemon Cheesecake nach Belieben mit **Sahnetupfern, Beeren, Zitronenscheiben** und **Minze** dekorieren. Guten Appetit!

Tipps ● Mürbeteig: Stattdessen kann man auch einen einfachen Keksboden aus Haferkeksen oder anderen beliebigen Keksen herstellen (Keksböden siehe Seite 178). ● Mehl: Für eine glutenfreie Alternative eignet sich eine glutenfreie Mehlmischung 1:1. Ich empfehle, dann noch ein zusätzliches Leinsamen-Ei hinzuzufügen, damit der Teig besser zusammenhält (1 EL gemahlene Leinsamen in 3 EL heißes Wasser rühren und etwa 5 Minuten quellen lassen). ● Zucker: Je nachdem, ob du gesüßten Sojaquark mit Geschmack oder ungesüßten verwendest, wirst du mehr oder weniger zusätzlichen Zucker benötigen. Am besten die Käsefüllung abschmecken und nach Belieben süßen. ● Haltbarkeit: Der Käsekuchen hält sich bis zu 5 Tage im Kühlschrank und lässt sich bis zu 2 Monate einfrieren.

Granola-Cups

Zubereitungszeit: 20 Minuten + 30 Minuten Backzeit + Abkühlzeit

Zutaten für 6–8 Stück

Granola-Cups

1 reife Banane (ca. 115 g; oder Apfelmus oder Kürbispüree)
50 g Agavendicksaft (oder Ahornsirup)
1 TL Vanilleextrakt (oder gemahlene Bourbon-Vanille)
1 TL gemahlener Zimt
1 Prise Salz
150 g zarte Haferflocken (oder auch kernige Haferflocken oder andere Getreideflocken)
Öl zum Einfetten

Füllung

250 g veganer Fruchtjoghurt (Sorte nach Wahl)

Nach Belieben zum Toppen

frische Beeren oder Früchte (nach Wahl)
Kokosraspel (oder andere gewünschte Toppings wie Nüsse, Samen, gehackte vegane Schokolade, Zuckerstreusel)

Außerdem

12er-Muffinblech oder 6–8 Muffinförmchen

Nährwerte bei 6 Portionen
pro Portion: 182 kcal (F 4 g · KH 29 g · EW 5 g)
glutenfrei

(1) Für die Granola-Cups die **Banane** in einer Schüssel mit einer Gabel cremig zerdrücken. (2) **Agavendicksaft, Vanilleextrakt, Zimt** und **Salz** hinzugeben und verrühren. Dann die **Haferflocken** hinzufügen und vermengen. (3) Die Mischung in sechs bis acht **gefettete** Muffinförmchen verteilen und am Rand und am Boden gut andrücken, um eine Cup-Form zu bilden. (4) Das Muffinblech ins Gefrierfach stellen und währenddessen den Backofen auf 180 °C Ober-/Unterhitze vorheizen. (Das Kühlen verhindert, dass die Ränder der Kruste beim Backen einfallen.) (5) Die Muffinform in den vorgeheizten Ofen stellen und 30 Minuten backen. (6) Aus dem Ofen nehmen und, falls nötig, die Cups mit einem Teelöffel nachformen. Nun 10 Minuten abkühlen lassen, dann vorsichtig aus den Formen nehmen und auskühlen lassen. (7) Die Granola-Cups mit veganem **Joghurt** füllen und nach Belieben mit frischen **Früchten** und **Toppings** dekorieren.

Tipps • Schokoladenversion: Einfach 1 EL Kakaopulver + 1–2 EL warmes Wasser mit in die Haferflockenmischung geben. • Füllung: Man kann die Cups auch mit Lemon Curd (siehe Seite 128) oder Pudding nach Wahl füllen. • Aufbewahrung: Die ungefüllten Granola-Cups können bis zu 5 Tage in einem luftdicht schließenden Behälter aufbewahrt werden. Sobald sie gefüllt sind, sollten sie sofort verzehrt werden, da sie sonst weich werden. Für eine längere Aufbewahrung könnte man sie auch mit 3 EL geschmolzenem Kokosöl statt Banane zubereiten.

Lemon Bars

Vorbereitungszeit: 10 Minuten + 18–20 Minuten Backzeit und Abkühlzeit
Zubereitungszeit: 10 Minuten + ca. 2 Stunden Kühlzeit

Zutaten für 9 Stücke

Mürbeteig

180 g Weizenmehl Type 405 oder Dinkelmehl Type 630 (oder eine glutenfreie Mehlmischung)
50 g Zucker (Sorte nach Belieben)
1 Prise Salz
75 g vegane Butter, gewürfelt

Lemon Curd

360 ml ungesüßte Pflanzenmilch
180 ml Zitronensaft (von 3–4 Zitronen)
2 TL abgeriebene Biozitronenschale
150 g Zucker (Sorte nach Belieben)
2 EL Speisestärke (oder Vanille-Puddingpulver)
1 ½ TL Agar-Agar
1 TL Vanilleextrakt
1 Prise gemahlene Kurkuma (optional)

Nach Belieben zum Dekorieren

Beeren (z. B. Blaubeeren, Brombeeren oder Himbeeren)
Biozitronenscheiben
kleine Minzeblättchen
Amaranth-Pops

Außerdem

Backform (20 × 20 cm)

Mürbeteig (1) Den Backofen auf 180 °C Ober-/Unterhitze vorheizen und die Backform mit Backpapier auslegen. (2) **Mehl, Zucker** und **Salz** in einer Rührschüssel vermischen. Die gewürfelte vegane **Butter** hinzufügen und alles mit den Händen zu einem sandigen Teig verkneten. (3) Den Teig an den Boden der vorbereiteten Backform drücken und im vorgeheizten Ofen 18–20 Minuten goldgelb backen. Herausnehmen und vollständig abkühlen lassen.

Lemon Curd (1) **Pflanzenmilch, Zitronensaft, Zitronenschale, Zucker, Stärke, Agar-Agar, Vanilleextrakt** und **Kurkuma** in einen kleinen Topf geben und verrühren. Bei mittlerer Hitze unter ständigem Rühren zum Kochen bringen und etwa 3 Minuten köcheln lassen, bis die Masse anfängt einzudicken. (2) Vom Herd nehmen und auf den Mürbeteig gießen. Auf Raumtemperatur abkühlen lassen, in den Kühlschrank stellen und etwa 2 Stunden oder über Nacht fest werden lassen.

Dekorieren (1) Die Lemon Bars in Quadrate schneiden und nach Belieben mit **Beeren, Zitronenscheiben, Minzeblättchen, Amaranth-Pops** oder anderen Toppings garnieren.

Tipps • Mehl: Anstelle von Weizen- oder Dinkelmehl kann man eine glutenfreie Mehlmischung 1:1 verwenden. • Aufbewahrung: Restliche Lemon Bars können in einem luftdicht schließenden Behälter bis zu 1 Woche im Kühlschrank aufbewahrt oder bis zu 1 Monat eingefroren werden.

Nährwerte pro Portion: 245 kcal (F 3 g · KH 41 g · EW 4 g)
optional glutenfrei (mit glutenfreiem Mehl)

Sellerieschnitzel mit Rahmchampignons
und Kartoffelpüree
(Rezepte siehe Seiten 134, 137 und 138)

Heimatküche

In meiner Familie vereinen sich gleich mehrere Nationalitäten. Mit dem gemeinsamen Kochen der traditionellen Gerichte verbinde ich viele gute Erinnerungen.

Heimatküche

Inspiriert von Gerichten aus Deutschland, Ostpreußen, England, Schottland, Dänemark und Schweden

Sellerieschnitzel

Vorbereitungszeit: 10 Minuten
Zubereitungszeit: 20 Minuten

Zutaten für 8 Schnitzel

1 Sellerieknolle (ca. 600 g)
Salz
75 g Weizenmehl Type 405 (oder glutenfreies Mehl)
160 ml ungesüßte Sojamilch
2 EL mittelscharfer Senf
5 EL Kichererbsenmehl (45 g)
½ TL Kala Namak (nach Belieben für den Eigeschmack)
½ TL gemahlener schwarzer Pfeffer
1 Prise gemahlene Muskatnuss
150 g Paniermehl (oder glutenfreies Paniermehl)
1 TL edelsüßes Paprikapulver (nach Belieben)
2–3 EL Öl (zum Braten)

Nach Belieben zum Servieren

Kartoffelpüree (siehe Seite 138)
Rahmchampignons (siehe Seite 137)
gegarte grüne Bohnen oder anderes Gemüse nach Wahl
Petersilie, gehackt

Nährwerte pro Portion: 176 kcal (F 5 g · KH 25 g · EW 6 g)
frei von raffiniertem Zucker, optional glutenfrei (mit glutenfreiem Mehl und glutenfreiem Paniermehl)

1 Die **Sellerieknolle** schälen und in etwa 1–1,5 cm dicke Scheiben schneiden. 2 Die Scheiben in einen Topf geben, mit **Salzwasser** bedecken und 5 Minuten vorgaren. Abgießen, auf einem Küchentuch abtropfen und etwas abkühlen lassen. 3 Inzwischen zum Panieren das **Mehl** in einen tiefen Teller geben. In einem anderen tiefen Teller die **Sojamilch** mit **Senf, Kichererbsenmehl,** ¾ TL **Salz, Kala Namak** (optional), **Pfeffer** und **Muskat** verrühren. In einem dritten tiefen Teller das **Paniermehl** mit dem **Paprikapulver** mischen. 4 Jede Selleriescheibe zuerst mit Mehl ummanteln, danach in die Kichererbsenmischung tunken und zuletzt im Paniermehl wälzen. 5 Das **Öl** in einer tiefen Pfanne erhitzen und die Sellerieschnitzel darin bei mittlerer Hitze von beiden Seiten langsam goldbraun braten. 6 Die Sellerieschnitzel nach Belieben mit **Kartoffelpüree, Rahmchampignons** und **Bohnen** oder anderem Gemüse servieren und mit **Petersilie** garnieren. Guten Appetit!

Tipp ● Statt Sellerie kann man auch Kohlrabi nehmen. Die Schnitzel schmecken dann milder.

Region: Deutschland

Rahmchampignons

Vorbereitungszeit: 10 Minuten
Zubereitungszeit: 20 Minuten

Zutaten für 4 Portionen

2 EL Raps- oder Olivenöl
450 g Champignons, in Scheiben geschnitten
2 Zwiebeln, gehackt
3–4 Knoblauchzehen, gehackt
2 EL Weizenmehl Type 405 (oder glutenfreies Mehl)
2 TL getrockneter Thymian
3 EL Tamari (oder Sojasauce)
80 ml veganer Weißwein (oder mehr Gemüsebrühe)
180 ml Gemüsebrühe
120 ml Soja- oder Hafer-Cuisine (oder andere Pflanzensahne)
2 TL mittelscharfer Senf
2–3 EL Hefeflocken (nach Belieben)
⅓ TL Salz (oder nach Geschmack)
1 ½ TL gemahlener schwarzer Pfeffer (oder nach Geschmack)
½ Bund Petersilie, gehackt

Nährwerte pro Portion: 172 kcal (F 8 g · KH 12 g · EW 7 g) frei von raffiniertem Zucker, optional glutenfrei (mit glutenfreiem Mehl)

1 Das **Öl** in einer Pfanne erhitzen. Die **Pilze** darin 3–4 Minuten scharf anbraten, bis sie leicht goldbraun werden. **Zwiebeln** und **Knoblauch** zugeben und weitere 3 Minuten dünsten. 2 **Mehl** und **Thymian** mit in die Pfanne geben und kurz anschwitzen. Mit **Tamari** und **Weißwein** ablöschen und 1–2 Minuten köcheln lassen. 3 **Gemüsebrühe, Soja-Cuisine** und **Senf** zugeben und mit **Hefeflocken, Salz** und **Pfeffer** würzen. Den Deckel auf die Pfanne setzen und die Sauce 10 Minuten bei geringer Hitze köcheln lassen (sollte die Sauce zu dick werden, einfach noch etwas Wasser oder **Pflanzensahne** hinzugeben). 4 Zum Schluss die **Petersilie** unterrühren, noch mal abschmecken und gegebenenfalls nachwürzen. Guten Appetit!

Tipps • Die Rahmchampignons zum Beispiel mit Kartoffelpüree (siehe Seite 138), Sellerieschnitzel (siehe Seite 134) und grünen Bohnen oder zu anderen Beilagen servieren. • Statt Gemüsebrühe und Soja- oder Hafer-Cuisine kann man auch einfach 300 ml ungesüßten Pflanzendrink nehmen.

Region: Deutschland

Kartoffelpüree

Zubereitungszeit:
10–15 Minuten +
ca. 15 Minuten Garzeit

Zutaten für 4 Portionen

1 kg vorwiegend festkochende Kartoffeln
Salz
1–2 TL Olivenöl
3–4 Knoblauchzehen, gehackt
3 EL vegane Butter, geschmolzen
120 ml ungesüßte Pflanzenmilch (oder weniger/mehr bis zur gewünschten Cremigkeit)
gemahlener schwarzer Pfeffer

Nach Belieben zum Garnieren
Olivenöl zum Beträufeln
frische Kräuter (z. B. Petersilie, Thymian, Rosmarin)
Pinienkerne, geröstet

Nährwerte pro Portion: 282 kcal (F 11 g · KH 36 g · EW 6 g)
frei von raffiniertem Zucker, glutenfrei

1 Die **Kartoffeln** schälen (oder die Schale dranlassen, nur gründlich waschen) und würfeln. 2 Kartoffelstücke in einen großen Topf geben und so viel Wasser hinzugießen, dass sie bedeckt sind. Etwas **Salz** einstreuen, den Deckel aufsetzen, zum Kochen bringen und etwa 15 Minuten gar kochen (mit einem Messer prüfen). 3 In der Zwischenzeit das **Öl** in einer kleinen Pfanne erhitzen und den **Knoblauch** darin unter ständigem Rühren 1 Minute anrösten. Aus der Pfanne in eine kleine Schüssel geben und beiseitestellen. 4 Sobald die Kartoffeln gar sind, das Wasser abgießen und die Kartoffeln im Topf ohne Deckel 1–2 Minuten ausdampfen lassen. 5 Mit einer Kartoffelpresse oder einem Kartoffelstampfer zerdrücken. Gerösteten Knoblauch, geschmolzene vegane **Butter, Pflanzenmilch, Salz** und **Pfeffer** nach Geschmack hinzufügen und kurz cremig rühren. 6 Nach Belieben mit **Öl** beträufeln und mit **Petersilie, Thymian** oder **Rosmarin** und gerösteten **Pinienkernen** oder anderen Toppings nach Wahl garnieren. 7 Warm servieren und genießen!

Tipps ● Passt super zu Pilz-Wellington (siehe Seite 109), Rahmchampignons (siehe Seite 137), Rote-Bete-Burger (siehe Seite 157) oder Sellerieschnitzel (siehe Seite 134). ● Einen Teil der Kartoffeln kann man durch Süßkartoffeln oder anderes Gemüse wie Karotten, Blumenkohl, Pastinaken und Sellerie ersetzen. ● Wer mag, kann gern andere Gewürze hinzufügen oder zusätzlich Babyspinat oder gehackten blanchierten Grünkohl einrühren. ● Wenn man Öl anstelle von veganer Butter verwendet, empfehle ich, etwas weniger Pflanzenmilch zu verwenden. Für eine butter- und ölfreie Option eignet sich die Verwendung von cremiger Kokosmilch aus der Dose oder Soja-/Hafer-Cuisine, da sie reichhaltiger sind als die meisten Milchalternativen im Tetrapack. Man kann auch Margarine oder Cashewmus statt veganer Butter verwenden.

Zupfbrot mit Bärlauch

Vorbereitungszeit: 10 Minuten + 60 Minuten Ruhezeit
Zubereitungszeit: 15 Minuten + 20 Minuten Ruhezeit + 30 Minuten Backzeit

Zutaten für ca. 16 Scheiben

Hefeteig

- 100 ml ungesüßte Sojamilch
- 500 g Weizenmehl Type 405 oder Dinkelmehl Type 630 (oder glutenfreies Mehl)
- 1 Pck. Trockenhefe (7 g; oder ½ Würfel Frischhefe, 21 g)
- 2 TL Salz
- 40 ml Olivenöl (oder anderes Pflanzenöl) + etwas mehr zum Bestreichen
- 1 TL Agavendicksaft (alternativ anderer Sirup/Zucker nach Belieben)

Bärlauchbutter

- 80 g Bärlauch (oder andere frische Kräuter)
- 150 g weiche vegane Butter
- 1 TL Salz (oder nach Geschmack)
- ½ TL gemahlener schwarzer Pfeffer
- 2 EL Hefeflocken (oder veganer Parmesan)

Hefeteig 1 150 ml Wasser und **Sojamilch** mischen und auf eine Temperatur von etwa 38 °C erwärmen. 2 In einer großen Schüssel **Mehl, Trockenhefe** und **Salz** vermengen. Dann die handwarme Wasser-Sojamilch-Mischung, **Öl** und **Agavendicksaft** dazugeben und mit einem Kochlöffel einarbeiten. Mit den Händen oder in der Küchenmaschine mindestens 5 Minuten zu einem geschmeidigen und elastischen Teig kneten. 3 Den Teig zu einer Kugel formen, mit etwas **Öl** bestreichen und abgedeckt in einer großen Schüssel etwa 60 Minuten gehen lassen, bis sich das Teigvolumen verdoppelt hat.

Bärlauchbutter 1 Währenddessen den **Bärlauch** hacken und in einer Schüssel mit veganer **Butter, Salz, Pfeffer** und **Hefeflocken** vermengen.

Teig füllen und backen 1 Die Kastenform mit Backpapier auslegen oder gut **einfetten.** 2 Den aufgegangenen Teig noch mal kurz durchkneten. Dann in acht bis zwölf gleich große Stücke teilen und jedes Stück zu einem flachen Kreis drücken. 3 Die Kreise mit der Bärlauchbutter bestreichen und zusammenklappen. Dann nebeneinander in die vorbereitete Backform schichten und noch mal 20 Minuten abgedeckt ruhen lassen. 4 Den Backofen auf 200 °C Ober-/Unterhitze vorheizen. 5 Für mehr Glanz nach Belieben **Sojamilch** mit **Kurkuma** verrühren, die Teigoberfläche damit bestreichen und im vorgeheizten Ofen 30 Minuten backen. 6 Aus dem Ofen nehmen, etwas abkühlen lassen und dann mithilfe des Backpapiers aus der Form heben. 7 Schmeckt fantastisch als Beilage zu einem Salat oder zu Grillgerichten!

Fortsetzung auf Folgeseite

Fortsetzung

Zupfbrot mit Bärlauch

Nach Belieben zum Bestreichen
2 EL ungesüßte Sojamilch
1 Prise gemahlene Kurkuma
Außerdem
Kastenbackform (30 × 11 cm)

Nährwerte pro Scheibe (à ca. 50 g):
202 kcal (F 6 g · KH 23 g · EW 5 g)
frei von raffiniertem Zucker,
optional glutenfrei (mit glutenfreiem Mehl)

Tipps ● Mehl: Statt Weizen- oder Dinkelmehl kann man eine glutenfreie Mehlmischung 1:1 verwenden. Mit Vollkornmehl wird das Brot kompakter und weniger fluffig. Eine Mischung aus dunklem und hellem Mehl wäre da besser. ● Sojamilch: Ich finde, Sojamilch eignet sich am besten zum veganen Backen. Allergiker können jedoch auf andere pflanzliche Milch zurückgreifen oder einfach mehr Wasser verwenden. ● Hefe: Statt Trockenhefe kann man frische Hefe verwenden. Diese muss allerdings zuerst in der handwarmen Flüssigkeit + Agavendicksaft aufgelöst und dann 5 Minuten stehen gelassen werden, bis die Mischung beginnt zu schäumen. Danach mit den anderen Zutaten vermengen und kneten. ● Agavendicksaft: Stattdessen kann jeder andere Sirup oder Zucker verwendet werden, zum Beispiel Ahornsirup, Dattelsirup, Kristallzucker, brauner Zucker oder Kokosblütenzucker. Da die Süße als Nahrung für die Hefe dient, ist ein Zuckeraustauschstoff nicht geeignet. ● Bärlauchbutter: Hier kann man richtig kreativ werden und sich Kräutermischungen nach Belieben zusammenstellen. Für traditionelle Kräuterbutter verwendet man zwei bis vier Knoblauchzehen und 50 g Petersilie oder Basilikum. Alternativ kann die Kräuterfüllung durch ein anderes Pesto ersetzt werden.

Kartoffelklöße mit Pilzfüllung

Vorbereitungszeit: 20 Minuten + ca. 20 Minuten Garzeit
Zubereitungszeit: 10 Minuten + 4–6 Minuten Garzeit

Zutaten für 2 Portionen

Kartoffelteig

500 g vorwiegend festkochende Kartoffeln
Salz
150 g Weizenmehl Type 405 oder Dinkelmehl Type 630 (oder glutenfreies Mehl)
1 Prise gemahlene Muskatnuss (nach Belieben)
25 g Kartoffelmehl (oder einfach mehr normales Mehl)
1 EL Pflanzenöl oder vegane Butter zum Braten

Pilzfüllung

1 EL Pflanzenöl oder vegane Butter zum Braten
200 g Champignons, in Scheiben geschnitten
1 Zwiebel, gewürfelt
2 Knoblauchzehen, gehackt
2–3 EL Tamari (oder Sojasauce)
1 EL gehackte Petersilie
Salz
gemahlener schwarzer Pfeffer

Kartoffelteig 1 Die **Kartoffeln** waschen und ungeschält je nach Größe etwa 20 Minuten in **Salzwasser** gar kochen. 2 Abgießen, sofort pellen, dann durch eine Kartoffelpresse drücken (oder mit einem Kartoffelstampfer stampfen) und ausdampfen lassen. 3 **Mehl,** ½ TL **Salz** und **Muskatnuss** zu den gepressten Kartoffeln geben, verkneten und löffelweise das **Kartoffelmehl** einarbeiten, bis der Teig nicht mehr klebrig ist.

Pilzfüllung 1 Inzwischen **Öl** oder vegane **Butter** in einer Pfanne erhitzen und die **Champignons** darin 4–5 Minuten goldbraun anbraten. Die **Zwiebeln** dazugeben und weitere 2 Minuten braten. Dann den **Knoblauch** hinzufügen und 1 weitere Minute mitrösten, dabei gelegentlich umrühren. Zum Schluss mit **Tamari** ablöschen und die Pfanne schwenken, sodass alles mariniert ist. 2 Die Pilz-Zwiebel-Mischung in die Küchenmaschine oder den Mixer geben. **Petersilie,** etwas **Salz** und **Pfeffer** hinzugeben und glatt pürieren oder leicht stückig lassen. (Man kann auch den Stabmixer verwenden.) 3 Abschmecken und bei Bedarf nachwürzen. Dann in einen Spritzbeutel füllen (oder einfach einen Löffel verwenden, um die Klöße zu füllen).

Klöße füllen und garen 1 Mit feuchten Händen eine Portion Kartoffelteig nehmen (je nach gewünschter Größe) und zu einem Bällchen formen. Mit dem Daumen eine Mulde in die Mitte drücken, etwa 2 TL Füllung hineingeben und den Kartoffelknödel mit einem kleinen Stück Teig verschließen. 2 Auf die gleiche Weise aus dem restlichen Teig und der Füllung Klöße zubereiten. 3 Inzwischen **Salzwasser** in einem großen Topf zum Kochen bringen. Die Hitze reduzieren, sodass das Wasser nur noch leicht köchelt. Die Klöße vorsichtig

Fortsetzung auf Folgeseite

Fortsetzung

Kartoffelklöße mit Pilzfüllung

Nach Belieben zum Servieren
gebratene Pilze
frischer Babyspinat
Petersilie
veganer Parmesan

Nährwerte pro Portion: 606 kcal (F 12 g · KH 103 g · EW 18 g)
frei von raffiniertem Zucker, optional glutenfrei (mit glutenfreiem Mehl)

hineingeben und 4–6 Minuten ziehen lassen oder bis sie an der Oberfläche schwimmen. **4** Mit einer Schaumkelle herausnehmen und abtropfen lassen. **5** **Öl** oder vegane **Butter** in einer großen Pfanne erhitzen und die Klöße darin rundum goldbraun und knusprig anbraten. **6** Die knusprigen gefüllten Klößchen auf Teller geben und nach Belieben einfach so, wie sie sind, genießen oder mit gebratenen **Pilzen, Babyspinat, Petersilie** oder veganem **Parmesan** servieren.

Tipps • Bei der Füllung kannst du gern kreativ werden. Du kannst die Klöße auch mit Pesto füllen oder die Füllung ganz weglassen, um traditionelle Kartoffelklöße herzustellen. • Statt die Klöße zu braten, kannst du sie alternativ nach dem Abtropfen sofort mit Bohnen-Hackbällchen (siehe Seite 71) und Rahmchampignons (siehe Seite 137) oder anderen beliebigen Gerichten nach Wahl servieren.

Königsberger Klopse mit Pellkartoffeln

Vorbereitungszeit: 20 Minuten
Zubereitungszeit: 20 Minuten

Zutaten für 4 Portionen

Klopse
1 helles Brötchen
etwas lauwarme, ungesüßte Sojamilch zum Einweichen
200 g Tofu Natur
200 g Räuchertofu
1 Zwiebel, sehr fein gehackt
1 EL mittelscharfer Senf
3 EL Kichererbsenmehl (oder Sojamehl)
3 EL Semmelbrösel (oder Paniermehl)
3–4 EL gehackte Petersilie
Salz
gemahlener schwarzer Pfeffer

Pellkartoffeln
800 g kleine vorwiegend festkochende Kartoffeln
Salz

Würzbrühe
1 l Gemüsebrühe
1 große Zwiebel, geviertelt
2 Lorbeerblätter
4 Pimentkörner
4 schwarze Pfefferkörner
3 Gewürznelken

Klopse 1 Das **Brötchen** grob in Stücke schneiden und mit lauwarmer **Sojamilch** begießen. Etwa 5 Minuten einweichen lassen und danach gut ausdrücken. 2 Inzwischen beide **Tofusorten** mit Küchenpapier trocken pressen, in der Küchenmaschine fein häckseln und in eine Schüssel geben. **Zwiebeln, Senf, Kichererbsenmehl, Semmelbrösel, Petersilie,** etwas **Salz, Pfeffer** und das eingeweichte Brötchen hinzugeben. Alles gut vermengen und mit den Händen zu einem Teig kneten, bis die Mischung zusammenhält. 3 Dann aus der Masse 14–16 Klopse formen (oder je nach gewünschter Größe). Es ist wichtig, dass man die Klopse gut festdrückt, damit sie beim Garen nicht auseinanderfallen.

Pellkartoffeln 1 Zu diesem Zeitpunkt die **Kartoffeln** gut waschen, ungeschält in einen Topf geben, mit Wasser bedecken, **salzen** und gar kochen, damit sie zeitgleich mit den Klopsen fertig sind.

Würzbrühe 1 Alle **Zutaten** in einen Topf geben und zum Kochen bringen. Dann die Hitze herunterschalten, bis es nur noch leicht siedet, die Klopse vorsichtig hineingeben und 10–15 Minuten gar ziehen lassen.

Kapernsauce 1 Währenddessen die **Margarine** in einem Topf schmelzen. Dann langsam das **Mehl** einrühren und unter ständigem Rühren bei schwacher Hitze 2–3 Minuten anschwitzen. 2 Den **Wein** langsam einrühren und 250 ml von der Klopsbrühe zugießen, dabei immer weiterrühren und aufkochen lassen, bis eine homogene Sauce entsteht. 3 **Pflanzensahne, Zitronensaft, Agavendicksaft, Muskat,** etwas **Salz, Pfeffer, Kapern** und **Petersilie** unterrühren, abschmecken und bei Bedarf nachwürzen oder mehr **Brühe** hinzugießen, wenn die Sauce zu dick sein sollte.

Fortsetzung auf Folgeseite

Fortsetzung

Königsberger Klopse mit Pellkartoffeln

Kapernsauce
50 g Pflanzenmargarine oder vegane Butter
3 EL Weizenmehl Type 405
100 ml veganer Weißwein (oder mehr Brühe)
250 ml Gemüsebrühe
200 ml ungesüßte Pflanzensahne (z. B. Soja- oder Hafer-Cuisine)
Saft von ½ Zitrone
2 TL Agavendicksaft
1 Prise gemahlene Muskatnuss
Salz
gemahlener schwarzer Pfeffer
3–4 EL Kapern in Lake aus dem Glas, abgetropft
½ Bund Petersilie, gehackt
Nach Belieben zum Garnieren
Petersilie, gehackt

Nährwerte pro Portion: 642 kcal
(F 25 g · KH 68 g · EW 27 g)
frei von raffiniertem Zucker

Servieren 1 Die Kartoffeln abgießen – ich lasse die Schale dran, aber wer möchte, kann sie pellen. Die Klopse vorsichtig aus der Brühe heben. Kartoffeln und Klopse auf Tellern anrichten und mit der Kapernsauce beträufeln. Nach Belieben mit noch mehr **Petersilie** garnieren und servieren. Guten Appetit!

Tipps • Statt Tofu kann man 400 g gekauftes veganes Hack aus dem Kühlregal nehmen. Da gekauftes pflanzliches Hack in der Regel bereits gewürzt ist, sollte man sparsam mit Salz und Pfeffer sein. • Restliche Klopse sollten getrennt von der Sauce aufbewahrt werden. Sie halten sich etwa 4–5 Tage im Kühlschrank. Die Klopse können einfach kurz in der Mikrowelle und die Sauce auf dem Herd aufgewärmt werden. Bei Bedarf etwas Wasser oder Pflanzenmilch zum Verdünnen hinzugeben.

Dinkelbrot mit Karotten und Saaten

Vorbereitungszeit: 10 Minuten + ca. 25 Minuten Garzeit + 90 Minuten Ruhezeit
Zubereitungszeit: 10 Minuten + ca. 50 (oder ca. 65) Minuten Backzeit

Zutaten für ca. 24 Scheiben

ca. 420 g Karotten
400 g Dinkelvollkornmehl oder Weizenvollkornmehl (oder glutenfreies Mehl)
320 g Dinkelmehl Type 1050 oder Weizenmehl Type 1050 (oder glutenfreies Mehl)
1 Pck. Trockenhefe (7 g; oder ½ Würfel frische Hefe, 21 g)
1 Pck. Sauerteigextrakt (15 g; nach Belieben)
2 ½ TL Salz
¼ TL geriebener Ingwer
6 EL Sonnenblumenkerne (oder andere Kerne oder gehackte Nüsse)
1 TL Agavendicksaft (oder anderer Sirup oder Zucker)

1 Zuerst das Karottenpüree zubereiten. Hierfür etwa 240 g **Karotten** in grobe Stücke schneiden, mit etwas Wasser in einen Topf geben und etwa 25 Minuten (je nach Größe) weich garen. (Oder in der Mikrowelle bei 720 Watt etwa 15 Minuten garen oder im Backofen bei 180 °C Umluft etwa 25 Minuten backen.) Anschließend abgießen und pürieren (das sollte 125 g Karottenpüree ergeben). Währenddessen die restlichen 180 g **Karotten** fein raspeln. 2 Beide **Mehle, Trockenhefe, Sauerteigextrakt** (optional) und **Salz** in die Schüssel der Küchenmaschine geben und vermengen. 3 Karottenpüree, geraspelte Karotten, **Ingwer, Sonnenblumenkerne** und **Agavendicksaft** zur Mehlmischung geben und grob unterrühren. 4 Mit dem Knethaken der Küchenmaschine 320 ml handwarmes Wasser portionsweise einarbeiten, bis der Teig sich vom Schüsselrand löst und nur noch ganz leicht klebrig ist. Mindestens 5 Minuten kneten. (Wer keine Küchenmaschine hat, kann den Teig auch mit den Händen kneten.) 5 Mit einem Küchentuch abdecken und etwa 60 Minuten an einem warmen Ort gehen lassen, bis sich das Teigvolumen verdoppelt hat. 6 Dann den Teig noch einmal kurz durchkneten und zu einem Laib formen, indem die äußeren Seiten nacheinander in die Mitte gefaltet werden (das klappt am besten mit einer Teigkarte). Anschließend mit der Nahtseite nach unten auf Backpapier in ein Gärkörbchen oder eine Schüssel legen und noch einmal 30 Minuten gehen lassen. 7 Für Topfbrot: Inzwischen den Backofen samt einem Bräter/ofenfesten Topf auf 230 °C Ober-/Unterhitze vorheizen. (Methode ohne Topf: Den Backofen auf 220 °C Ober-/Unterhitze vorheizen und eine Auflaufform mit Wasser mit in den

Fortsetzung auf Folgeseite

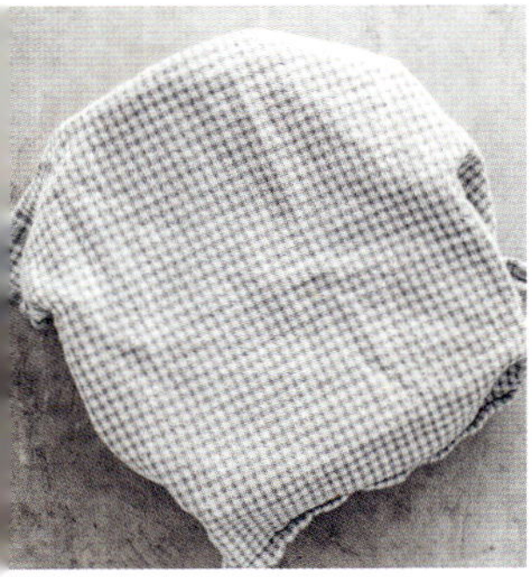

Fortsetzung

Dinkelbrot mit Karotten und Saaten

Topping

5 EL Kerne und Saaten
(z. B. Sonnenblumenkerne, Lein-, Sesam-, Mohn-, Hanfsamen)

Nährwerte pro Scheibe (à ca. 50 g):
156 kcal (F 4 g · KH 22 g · EW 6 g)
frei von raffiniertem Zucker, optional glutenfrei (mit glutenfreiem Mehl)

Ofen stellen.) **8** Für das Topping die Teigoberseite mit etwas Wasser bepinseln und nach Belieben mit **Kernen** und **Saaten** bestreuen. Wer möchte, kann den Teigling noch 5 mm tief mit einem scharfen Messer einritzen. **9** Topfbrot: Den heißen Topf mit Backhandschuhen aus dem Ofen nehmen (Achtung, nicht verbrennen!) und vorsichtig den Teigling samt Backpapier in den Topf plumpsen lassen. Den Deckel aufsetzen und im vorgeheizten Ofen 35 Minuten backen. Dann den Deckel abnehmen und weitere etwa 15 Minuten backen, bis das Brot oben goldbraun ist. (Methode ohne Topf: Den Teigling auf ein Backblech geben und auf der mittleren Schiene 15 Minuten backen, danach die Temperatur auf 180 °C reduzieren und weitere 50 Minuten backen.) **10** Sobald das Brot beim Klopfen mit einem Löffel hohl klingt, ist es durchgebacken und kann aus dem Ofen genommen werden. Vor dem Anschneiden mindestens 20 Minuten abkühlen lassen.

Tipps ● Das Brot schmeckt superlecker mit Cashew-Ricotta (siehe Seite 55) oder Hummus (siehe Seite 35) als Aufstrich. ● Karottenpüree: Wer das Karottenpüree nicht selbst machen möchte, kann auf gekaufte Gemüse- oder Obstpürees zurückgreifen, zum Beispiel Babynahrung oder Kürbismus aus der Dose oder Apfelmark. Der Geschmack wird dadurch etwas variieren. ● Mehl: Man kann auch andere Mehle ausprobieren oder sie durch eine glutenfreie Mehlmischung ersetzen. Eventuell die Flüssigkeitsmenge anpassen, da verschiedene Mehle unterschiedlich viel Flüssigkeit absorbieren. Je mehr Vollkornmehl man nimmt, desto kompakter wird das Brot. ● Hefe: Statt Trockenhefe kann ½ Würfel frische Hefe verwendet werden. Einfach in eine Schüssel bröseln, handwarmes Wasser darübergießen und auflösen. Dann etwa 5 Minuten beiseitestellen, bis es beginnt zu schäumen. Anschließend zu den restlichen Zutaten geben, alles vermengen und laut Anleitung fortfahren. ● Agavendicksaft: Jeder beliebige Sirup oder Zucker ist geeignet. ● Kerne und Samen: Es können andere beliebige Kerne und Samen verwendet werden, zum Beispiel Mohn, Sesam, Chiasamen oder Kürbiskerne. Man kann auch gehackte Nüsse nehmen oder die Saaten ganz weglassen.

Burger-Brötchen

Vorbereitungszeit: 5 Minuten
Zubereitungszeit: 20 Minuten + 65–90 Minuten Ruhezeit + ca. 25–30 Minuten Backzeit

Zutaten für 9 Brötchen

160 ml ungesüßte Sojamilch (handwarm)
2 EL Rohrohrzucker (oder anderer Zucker)
1 Pck. Trockenhefe (7 g; oder ½ Würfel frische Hefe, 21 g)
500 g Weizenmehl Type 405 oder Dinkelmehl Type 630 (oder glutenfreies Mehl)
10 g Salz
75 g weiche vegane Butter (oder Öl) + etwas mehr zum Einfetten
4 EL Soja-Cuisine (oder ungesüßte Sojamilch)
1 Prise gemahlene Kurkuma (nach Belieben für eine gelbere Farbe)
1–2 EL Sesamsamen

Nährwerte pro Portion: 288 kcal (F 5 g · KH 44 g · EW 8 g)
optional glutenfrei (mit glutenfreiem Mehl)

1 Die **Sojamilch** auf etwa 38 °C erwärmen und in eine kleine Schüssel gießen. Dann **Zucker** und **Hefe** darin auflösen und etwa 3 Minuten ruhen lassen, bis die Mischung beginnt zu schäumen (so weiß man, dass die Hefe arbeitet und funktioniert). 2 In einer großen Schüssel **Mehl** und **Salz** vermischen. In die Mitte eine Mulde formen und die Hefemischung hineingießen. 120 ml handwarmes Wasser und **Butterstücke** dazugeben und von außen mit einem Holzlöffel einarbeiten, bis sich alles verbunden hat. Auf die Arbeitsfläche geben und mit den Händen 5–8 Minuten kneten, bis ein geschmeidiger Teig entsteht (oder die Küchenmaschine mit Knethaken verwenden). 3 Den Teig in eine **geölte** Schüssel legen und mit etwas Wasser bestreichen. Dann mit einem Küchentuch abdecken und 45–60 Minuten an einem warmen Ort gehen lassen, bis sich das Teigvolumen verdoppelt hat. (Alternativ kann man den Teig auch über Nacht in den Kühlschrank stellen. Dort geht er langsam auf, sodass man ihn am nächsten Tag weiterverarbeiten kann.) 4 Nach der Ruhezeit den Teig zu neun Kugeln formen (à etwa 100 g) und auf ein mit Backpapier ausgelegtes Backblech legen, dabei genügend Abstand lassen. Mit einem Küchentuch abdecken und noch mal 20–30 Minuten gehen lassen. 5 Inzwischen den Backofen auf 180 °C Ober-/Unterhitze vorheizen. 6 **Soja-Cuisine** und **Kurkuma** (falls verwendet) verrühren und die Teiglinge damit bestreichen (damit sie später schön glänzen), mit **Sesam** bestreuen und im vorgeheizten Ofen 25–30 Minuten backen.

Tipps • Mehl: Um fluffige Burger-Brötchen zu erhalten, am besten helles Weizen- oder Dinkelmehl verwenden. Für eine glutenfreie Variante kann man das Mehl durch eine glutenfreie Mehlmischung 1:1 ersetzen. Wenn man schwereres Mehl wie

Fortsetzung auf Folgeseite

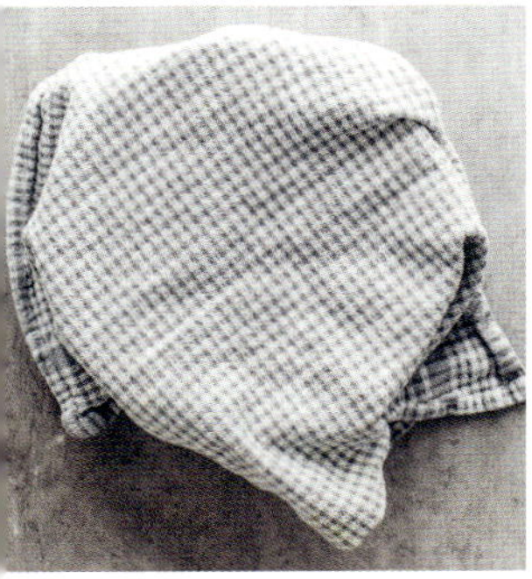

Fortsetzung

Burger-Brötchen

Vollkornmehl nimmt, werden die Brötchen weniger fluffig. Eine Mischung aus hellem Mehl und Vollkornmehl wäre dann schon besser. Wahrscheinlich benötigst du auch etwas mehr Flüssigkeit, da verschiedene Mehle unterschiedlich viel Flüssigkeit absorbieren. ● Trockenhefe: Alternativ kann Frischhefe verwendet werden. Vorher immer das Mindesthaltbarkeitsdatum prüfen, da die Verwendung alter Hefe dazu führen kann, dass der Teig nicht aufgeht. ● Rohrohrzucker: Man kann jede Zuckersorte außer Zuckeraustauschstoffe verwenden. ● Sojamilch: Sie eignet sich für veganes Backen am besten. Allergiker können aber gern eine andere Pflanzenmilch nehmen. ● Vegane Butter: Diese gibt den Burger-Brötchen ein tolles Aroma. Wenn du keine verwenden kannst oder möchtest, ist es möglich, sie durch Öl zu ersetzen, zum Beispiel Raps- oder Sonnenblumenöl. Dann brauchst du aber nur 60 g Öl statt 75 g vegane Butter.

Rote-Bete-Burger

Vorbereitungszeit: 10 Minuten
Zubereitungszeit: 10 Minuten + 10–15 Minuten Garzeit

Zutaten für 4 Portionen

2–3 EL Öl zum Braten
1 rote Zwiebel oder Haushaltszwiebel (60 g), gewürfelt
2 Knoblauchzehen, gehackt
1 TL gemahlener Kreuzkümmel
1–2 TL getrocknete Kräuter (z. B. eine Mischung aus Basilikum, Oregano, Thymian und Rosmarin)
1 EL Tomatenmark
2 EL Tamari (oder Sojasauce oder Kokosnuss-Aminos bei Paleo-Ernährung)
2 kleine Rote Beten (200 g), geschält, gerieben
40 g Haferflocken + bei Bedarf etwas mehr
50 g Walnusskerne oder andere Nusskerne (oder andere Kerne, falls nussfrei erwünscht)
200 g Kidneybohnen aus der Dose, abgebraust, abgetropft (oder andere Bohnen/Linsen)
Salz
gemahlener schwarzer Pfeffer

1 1 TL **Öl** in einer großen Pfanne erhitzen und die **Zwiebeln** darin 2–3 Minuten glasig dünsten. Den **Knoblauch** hinzufügen und 1 weitere Minute anbraten, bis er gut duftet. Dann **Kreuzkümmel, Kräuter, Tomatenmark** und **Tamari** dazugeben und unter Rühren weiterbraten, bis die Flüssigkeit verdampft ist. Geraspelte **Rote Beten** hinzufügen und weitere 2–3 Minuten braten, bis sie zart (aber nicht weich) werden. Beiseitestellen und 1 Minute abkühlen lassen. 2 **Haferflocken** und **Walnüsse** in die Küchenmaschine geben und zu grobem Mehl verarbeiten. Dann **Kidneybohnen,** Rote-Bete-Mischung, etwas **Salz** und **Pfeffer** hinzugeben und grob mixen, bis alles gut vermischt ist (wenn die Mischung zu feucht ist, noch mehr Haferflocken dazugeben. Wenn sie zu trocken ist, ein wenig Wasser zugießen). Abschmecken und nach Geschmack nachwürzen. 3 Die Mischung in vier gleich große Portionen aufteilen und jede zu einem Burger-Patty formen (oder mehrere kleinere Bratlinge machen). 4 Das restliche **Öl** in einer (beschichteten) Pfanne erhitzen. Die Burger hineingeben und 5–7 Minuten pro Seite anbraten, bis sie von außen goldbraun und knusprig sind (beim Wenden vorsichtig sein, denn sie sind sehr weich). 5 Die Pattys nach Belieben auf die aufgeschnittenen **Burger-Brötchen** legen, mit **Salat, Avocado, Tomaten, Gurken, roten Zwiebeln** und **Kresse** nach Wahl belegen und servieren. Oder als Beilage mit einem beliebigen Dip servieren. Guten Appetit!

Fortsetzung auf Folgeseite

Fortsetzung

Rote-Bete-Burger

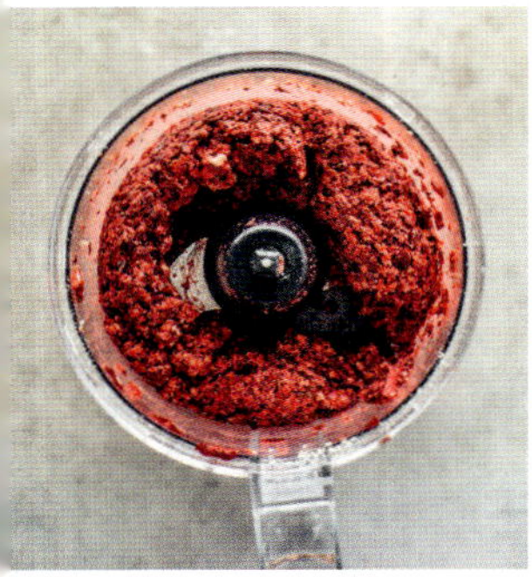

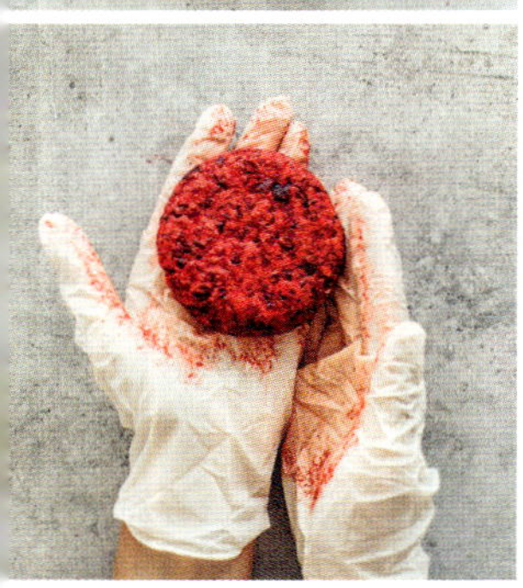

Nach Belieben zum Servieren

4 Burger-Brötchen (siehe Seite 153)

Gemüse und Salat (Salatblätter, Avocado-, Tomaten- und Gurkenscheiben, rote Zwiebelringe, Kresse)

oder ein beliebiger Dip (z. B. Dilldip (siehe Seite 104), Remoulade, Aioli, Kräuterdip (siehe Seite 96) oder Knoblauchdip (siehe Seite 16))

Nährwerte pro Portion: 284 kcal (F 17 g · KH 21 g · EW 10 g)
frei von raffiniertem Zucker, glutenfrei

Tipps ● Bohnen: Anstelle von Kidneybohnen kann man auch schwarze, Pinto- oder Cannellini-Bohnen oder gekochte braune Linsen verwenden. Oder auch Kichererbsen, diese machen die Burger jedoch trockener. ● Walnüsse: Auch andere Nüsse oder Kerne sind geeignet, zum Beispiel Pekannüsse, geröstete Pinienkerne, Kürbis- oder Sonnenblumenkerne. ● Backofenmethode: Wer die Burger nicht so weich und saftig haben möchte, der kann sie im Ofen bei 180 °C Ober-/Unterhitze 30–40 Minuten backen, dabei nach der Hälfte der Zeit wenden. Vor dem Backen unbedingt mit etwas Öl bepinseln, damit sie von außen knusprig werden. ● Aufbewahren/einfrieren: Die Burger halten sich im Kühlschrank bis zu 5 Tage und können bis zu 2 Monate eingefroren werden.

Shepherd's Pie

Vorbereitungszeit: 20 Minuten + 20–30 Minuten Garzeit
Zubereitungszeit: 15 Minuten + 20 Minuten Garzeit + 20–30 Minuten Backzeit

Zutaten für 4 Portionen

Kartoffelpüree
900 g vorwiegend festkochende Kartoffeln
80 ml ungesüßte Pflanzenmilch
2 EL vegane Butter (oder Öl)
Salz
gemahlener schwarzer Pfeffer

Pie-Füllung
2 EL Oliven- oder Rapsöl + optional etwas mehr zum Bestreichen
1 Zwiebel, gewürfelt
2 Karotten, gewürfelt
2 Selleriestangen, gewürfelt
500 g Champignons, gehackt
4 Knoblauchzehen, gehackt
2 EL Tomatenmark
1 TL edelsüßes Paprikapulver
2 EL getrocknete Kräuter (z. B. Thymian, Rosmarin, Petersilie)
150 g getrocknete grüne oder braune Linsen
2 EL Weizenmehl Type 405 (oder Pfeilwurz- oder Speisestärke oder glutenfreies Mehl)
3 EL Tamari (oder Sojasauce)
80 ml veganer Rotwein (optional)

Kartoffelpüree ① Die **Kartoffeln** schälen (wer mag, kann die Schale dranlassen und die Kartoffeln nur waschen). Dann in einen großen Topf geben, mit Wasser bedecken, zum Kochen bringen und je nach Größe 20–30 Minuten gar köcheln lassen (mit einem Messer prüfen). ② Sobald sie gar sind, abgießen, abtropfen lassen, zurück in den Topf geben und ohne Deckel ausdampfen lassen. **Pflanzenmilch** und vegane **Butter** in den Topf geben, die Kartoffeln cremig stampfen und mit **Salz** und **Pfeffer** abschmecken. Abgedeckt beiseitestellen.

Pie-Füllung ① Während die Kartoffeln kochen, das **Öl** in einer großen Pfanne erhitzen. **Zwiebeln, Karotten** und **Sellerie** darin 3–5 Minuten anschwitzen, bis sie anfangen, goldbraun zu werden. Die **Champignons** zufügen und etwa 5 Minuten braten, bis die Pilze den größten Teil ihrer Flüssigkeit abgegeben haben. Dann den **Knoblauch** zugeben und 1 weitere Minute unter häufigem Rühren mitbraten. ② **Tomatenmark, Paprikapulver, Kräuter, Linsen** und **Mehl** hinzufügen und gut verrühren. Mit **Tamari** und **Rotwein** ablöschen. Dann **Tomaten** und **Gemüsebrühe** einrühren und etwa 20 Minuten abgedeckt köcheln lassen, bis die Linsen gar sind (siehe Packungsanweisung) und die Sauce eingedickt ist. Zum Schluss die **Erbsen** unterrühren und mit **Salz** und **Pfeffer** abschmecken.

Shepherd's Pie schichten ① Den Backofen auf 200 °C Ober-/Unterhitze vorheizen. ② Die Linsenmischung in die Auflaufform (oder eine ähnlich große ofenfeste Form) löffeln. Dann das Kartoffelpüree darüber verteilen und glatt streichen. Wer mag, der kann mit einer Gabel die Oberfläche etwas aufrauen und dabei ein beliebiges Muster kreieren. Zum Schluss nach Belieben mit etwas **Öl** bepinseln oder optional mit veganem **Parmesan** bestreuen, damit die Kartoffeldecke noch knuspriger wird. ③ In den vorgeheizten Ofen geben

Fortsetzung auf Folgeseite ▶

Region: England und Schottland

Fortsetzung

Shepherd's Pie

250 g passierte Tomaten (oder stückige Tomaten aus der Dose)
360 ml Gemüsebrühe + etwas mehr nach Bedarf
150 g TK-Erbsen
Salz
gemahlener schwarzer Pfeffer
1–2 EL veganer Parmesan (optional)

Nach Belieben zum Garnieren
Petersilie, gehackt

Außerdem
große Auflaufform (26 × 18 cm) oder eine ähnlich große ofenfeste Form

Nährwerte pro Portion: 538 kcal (F 11 g · KH 75 g · EW 25 g)
frei von raffiniertem Zucker, optional glutenfrei (mit glutenfreiem Mehl)

und 20–30 Minuten backen oder bis die Oberseite goldbraun wird. (4) Vor dem Servieren etwas abkühlen lassen. (Je länger der Pie abkühlt, desto schnittfester wird er.) Nach Belieben mit gehackter **Petersilie** garnieren.

Tipps • Aufbewahrung: Reste können 5–6 Tage abgedeckt im Kühlschrank aufbewahrt oder 2–3 Monate eingefroren werden. • Vorbereiten: Der Auflauf kann bis zu 2 Tage im Voraus vorbereitet und geschichtet werden. Dann abgedeckt im Kühlschrank aufbewahren, bis er gebacken wird. • Linsen: Ich empfehle grüne (französische Puy-Linsen) oder braune Linsen. Bei Verwendung anderer Linsen die Kochzeit gemäß Packungsanleitung anpassen. • Kartoffeln: Der klassische Kartoffelbrei kann gern durch Süßkartoffelbrei ersetzt werden. • Gemüse: Nach Belieben andere Gemüsesorten nehmen.

Omas Linseneintopf

Vorbereitungszeit: 10 Minuten
Zubereitungszeit: 5 Minuten + 30 Minuten Garzeit

Zutaten für 4 Portionen

2 EL Pflanzenöl zum Braten
1 Zwiebel, gewürfelt
½ Lauchstange, gewürfelt
200 g Karotten, gewürfelt
250 g getrocknete Linsen (braune oder grüne)
300 g vorwiegend festkochende Kartoffeln, gewürfelt
1 Stück Knollensellerie (ca. 200 g), gewürfelt
1 l Gemüsebrühe
1 EL mittelscharfer Senf
1 Lorbeerblatt
¼ TL gemahlene Muskatnuss
2 EL Weißweinessig (oder Apfelessig)
1 TL Salz
½ TL gemahlener schwarzer Pfeffer
1–2 EL gehackte Petersilie

Nach Belieben zum Mitbraten

200 g Räuchertofu, gewürfelt (oder 4 vegane Würstchen, in Scheiben geschnitten)

Nach Belieben zum Servieren

frisch gebackenes Brot (z. B. No Knead Bread (siehe Seite 107) oder Dinkelbrot mit Karotten und Saaten (siehe Seite 151)) oder gekaufte Bagels

Nährwerte pro Portion: 356 kcal
(F 7 g · KH 45 g · EW 19 g)
frei von raffiniertem Zucker, glutenfrei

1 Das **Öl** in einem Topf erhitzen. **Zwiebeln, Lauch** und **Karotten** hinzugeben und 3–5 Minuten anbraten. (Wer möchte, kann noch **Räuchertofuwürfel** oder vegane **Würstchenscheiben** mit anbraten.) 2 Währenddessen die **Linsen** in ein feinmaschiges Sieb geben, unter fließendem Wasser abbrausen und abtropfen lassen. 3 Dann **Kartoffeln, Sellerie** und Linsen mit in den Topf geben. Die **Gemüsebrühe** eingießen, **Senf, Lorbeerblatt** und **Muskat** hinzufügen und aufkochen lassen. Den Deckel aufsetzen und die Mischung etwa 30 Minuten köcheln lassen – je nachdem, wie lange die Linsen benötigen, siehe Packungsanleitung. 4 Mit **Weißweinessig, Salz** und **Pfeffer** abschmecken. Zum Schluss die **Petersilie** hinzugeben und den Eintopf in Schalen servieren. – Dazu schmeckt eine Scheibe frisch gebackenes **Brot** oder **Bagels.**

Tipps • Der Linseneintopf schmeckt am nächsten Tag, nachdem er durchgezogen ist, sogar noch besser. • Reste halten sich im Kühlschrank 3–5 Tage. Man kann den Eintopf außerdem prima einfrieren, auch portionsweise für Meal Prep.

Nudeln mit Rahmspinat und Ofentomaten

Vorbereitungszeit: 10 Minuten
Zubereitungszeit: 15 Minuten

Zutaten für 4 Portionen

250 g Kirschtomaten an der Rispe
1 EL Öl (z. B. Raps-, Oliven-, Kokosöl oder vegane Butter)
1 große Zwiebel, gewürfelt
3–4 Knoblauchzehen, fein gehackt
1–2 EL Cashewmehl (oder normales Weizenmehl Type 405 oder glutenfreies Mehl)
2 EL Hefeflocken (oder veganer Parmesan)
2 TL Gemüsebrühepulver
250 ml Hafer-Cuisine (oder andere Pflanzensahne)
400 g TK-Blattspinat
ca. 100 ml ungesüßte Pflanzenmilch (Hafer-, Soja-, Kokos- oder Mandelmilch)
Salz
350 g Pasta nach Wahl (bei Bedarf glutenfrei)
gemahlener schwarzer Pfeffer
1 Prise gemahlene Muskatnuss (nach Belieben)

Nach Belieben zum Servieren
geröstete Pinienkerne
veganer Parmesan
frische Kräuter (z. B. Basilikum oder Petersilie)

Nährwerte pro Portion: 476 kcal (F 12 g · KH 78 g · EW 21 g)
frei von raffiniertem Zucker, optional glutenfrei (mit glutenfreien Nudeln)

1 Den Backofen auf 200 °C Ober-/Unterhitze vorheizen. Die **Tomaten** vorsichtig waschen, damit sie nicht von den Stielen abfallen, als Rispe in eine Auflaufform geben und im vorgeheizten Ofen 15–20 Minuten rösten. 2 In der Zwischenzeit das **Öl** in einer Pfanne erhitzen und die **Zwiebeln** darin 2–3 Minuten anbraten. Dann **Knoblauch** dazugeben und 1 weitere Minute braten. 3 **Cashewmehl, Hefeflocken, Gemüsebrühepulver** und **Hafer-Cuisine** einrühren und kurz aufkochen lassen. Dann den **Spinat** dazugeben und etwa 5 Minuten abgedeckt köcheln lassen, bis er aufgetaut ist. (Sollte die Sauce zu dick werden, die **Pflanzenmilch** bis zur gewünschten Konsistenz dazugießen.) 4 Inzwischen **Salzwasser** in einem Topf zum Kochen bringen und die **Pasta** darin gemäß Packungsanweisung al dente kochen. 5 Den Rahmspinat mit **Salz, Pfeffer** und **Muskat** (optional) würzen und abschmecken. 6 Sobald die Nudeln al dente sind, das Kochwasser abgießen und sofort mit der veganen Spinat-Sahne-Sauce in tiefe Teller geben. 7 Mit Ofentomaten und nach Belieben mit gerösteten **Pinienkernen,** veganem **Parmesan** sowie frischen **Kräutern** anrichten und schmecken lassen!

Tipps • Du kannst beliebige Pasta nehmen oder Nudeln selbst machen. • Variante ohne Nudeln: Der Rahmspinat schmeckt auch sehr lecker mit Kartoffelpüree (siehe Seite 138) oder gefüllten Kartoffelklößen (siehe Seite 144) oder Fisch-Nuggets (siehe Seite 104).

Couscous-Pizza

Vorbereitungszeit: 15 Minuten + 10–15 Minuten Ruhezeit
Zubereitungszeit: 10 Minuten + ca. 25 Minuten Backzeit

Zutaten für 2 Portionen

Pizzateig

- 200 g Couscous (oder Quinoa, falls glutenfrei erwünscht)
- 200 ml kochende Gemüsebrühe
- 2 TL Leinsamen
- 1 gehäufter EL Kichererbsenmehl (oder Reismehl)
- 1 EL Olivenöl (oder Wasser)

Toppings

- 1 EL Olivenöl
- 150 g grüner Spargel, harte Enden entfernt, halbiert, in Streifen geschnitten
- Salz
- gemahlener schwarzer Pfeffer
- 4 EL gemischte Kerne (z. B. Pinienkerne, Sonnenblumenkerne, Kürbiskerne) oder gehackte Nüsse, auch geröstete Sojabohnen
- 150 g veganer Joghurt Natur (z. B. Soja- oder Kokosjoghurt) oder Pesto
- ½ Avocado
- 1 rote Zwiebel, in Ringe geschnitten
- 50 g TK-Erbsen, aufgetaut
- 1 Handvoll Rucola
- 50 g schwarze Oliven
- 1 Spritzer Zitronensaft

Nährwerte pro Portion: 897 kcal (F 46 g · KH 86 g · EW 30 g)
frei von raffiniertem Zucker, optional glutenfrei (mit Quinoa statt Couscous)

Region: Deutschland

Pizzateig 1 **Couscous** in eine Schüssel geben. Mit kochender **Gemüsebrühe** begießen, abdecken und 5–10 Minuten quellen lassen, bis die Flüssigkeit absorbiert ist. (Falls Quinoa verwendet wird, diese nach Packungsangaben in Gemüsebrühe garen.) 2 Den Backofen auf 200 °C Ober-/Unterhitze (180 °C Umluft) vorheizen. 3 Couscous in den Mixer geben. **Leinsamen, Kichererbsenmehl, Öl** (oder Wasser, wenn ölfrei erwünscht) hinzufügen und zu einem glatten Teig mixen. In eine Schüssel umfüllen und etwa 5 Minuten ruhen lassen, während der Teig etwas fester wird. 4 Den Teig auf Backpapier zu einem 25–30 cm großen Kreis ausrollen. (Bei Verwendung von Quinoa: Quinoa-Teig ist weicher und klebriger, deshalb zum Ausrollen Frischhaltefolie darauflegen. Alternativ eine runde Backform mit Backpapier auslegen und den Teig hineinlöffeln.) 5 Dann auf ein Backblech legen und im vorgeheizten Ofen etwa 25 Minuten goldgelb und knusprig backen.

Toppings 1 In der Zwischenzeit das **Öl** in einer Pfanne erhitzen und den **Spargel** darin 4–5 Minuten anbraten, bis er zart ist. Mit **Salz** und **Pfeffer** abschmecken. 2 Die **Kerne** (oder gehackte **Nüsse**) kurz in einer Pfanne ohne zusätzliches Öl anrösten, dabei die Pfanne häufig schwenken. Herausnehmen und beiseitestellen. 3 Den pflanzlichen **Joghurt** auf dem heißen Pizzaboden verteilen. Dann mit **Avocadoscheiben,** gebratenem Spargel, **Zwiebelringen, Erbsen, Rucola, Oliven** und gerösteten Kernen belegen. 4 Mit **Zitronensaft** beträufeln und sofort genießen.

Tipps • Diese Pizza schmeckt hervorragend mit Bärlauchpesto, Cashew-Ricotta (siehe Seite 55) oder Guacamole (siehe Seite 99) anstelle von veganem Joghurt. • Verwende dein Lieblingsgemüse oder deine Lieblingstoppings. Statt Spargel kannst du zum Beispiel Brokkoliröschen anbraten. • Für Pizza mit Tomatensauce und Käse: Teig nach 15–20 Minuten Backzeit mit Tomatensauce bestreichen, mit veganem Käse bestreuen und noch mal 10 Minuten in den Ofen schieben. Dann nach Belieben toppen.

Hirsebratlinge

Vorbereitungszeit: 15 Minuten
Zubereitungszeit: 35 Minuten

Zutaten für 8 Bratlinge
150 g Hirse
400 ml Gemüsebrühe
1 Zwiebel, fein gewürfelt
4 Knoblauchzehen, fein gehackt
1 große Karotte, geraspelt
½ Bund Petersilie (oder andere Kräuter/Blattgrün), grob gehackt
2 EL Pinienkerne (oder andere Samen oder gehackte Nüsse)
3 EL Öl (z. B. Rapsöl)
50 g zarte Haferflocken
3 EL Sonnenblumenkerne (oder andere Samen oder gehackte Nüsse)
2 EL Tomatenmark
3 EL veganer Parmesan (oder Hefeflocken)
1 EL getrocknete italienische Kräuter (z. B. eine Mischung aus Basilikum, Oregano und Thymian)
1 TL Salz (oder nach Geschmack)
gemahlener schwarzer Pfeffer
1 EL Leinmehl (oder Chiamehl)

Nach Belieben zum Servieren
Petersilie, gehackt
Sesamsamen
Dilldip (siehe Seite 104) oder Kräuterdip (siehe Seite 96) oder anderer Dip nach Wahl
Salatblätter, Gurken, Tomaten und anderes Gemüse nach Wunsch

Nährwerte pro Portion: 257 kcal
(F 14 g · KH 22 g · EW 8 g)
frei von raffiniertem Zucker, glutenfrei

1 Die **Hirse** gemäß Packungsanleitung in der **Gemüsebrühe** kochen und beiseitestellen. 2 Währenddessen **Zwiebeln, Knoblauch, Karotten** und **Petersilie** wie oben angegeben vorbereiten. 3 Die **Pinienkerne** ohne Fett in einer Pfanne unter häufigem Rühren anrösten, bis sie goldbraun sind. Anschließend herausnehmen und beiseitestellen. 4 1 EL **Öl** in derselben Pfanne erhitzen und die Zwiebeln darin 2–3 Minuten glasig braten. Den Knoblauch hinzufügen und 1 weitere Minute braten. Dann in eine Schüssel geben. 5 Gekochte Hirse, Karotten, Petersilie, **Haferflocken,** Pinien- und **Sonnenblumenkerne** (wer möchte, kann sie kleiner hacken), **Tomatenmark,** veganen **Parmesan,** italienische **Kräuter, Salz** und etwas **Pfeffer** zur Zwiebelmischung in die Schüssel geben und vermengen. Dann das **Leinmehl** darüberstreuen und alles zu einer homogenen Masse verarbeiten. Abschmecken und bei Bedarf mehr **Salz** und **Pfeffer** hinzufügen. 6 Die Hände leicht anfeuchten und aus der Masse entweder acht große Bratlinge (à etwa 100 g) oder kleinere formen. 7 Das restliche **Öl** in einer großen Pfanne erhitzen und die Bratlinge darin von beiden Seiten goldbraun braten. 8 Die Hirsebratlinge nach Belieben mit **Petersilie** und **Sesam** garnieren und mit einem **Dip** nach Wahl sowie **Salat** und **Gemüse** servieren.

Tipps • Statt Hirse kann man auch Couscous verwenden, wenn es glutenhaltig sein darf. Man muss allerdings bedenken, dass Couscous weniger Wasser benötigt und nicht gekocht (nur eingeweicht) werden muss. Daher die Packungsanweisung beachten. • Statt Petersilie kann man auch andere Kräuter oder grünes Blattgemüse wie Spinat, Rucola, Mangold, Sellerie- oder Karottengrün nehmen oder eine Kombination aus verschiedenen. • Auch andere Kerne, Samen oder Nüsse können verwendet werden. • Gern kannst du kreativ werden und andere Gewürze hinzufügen.

Blätterteigplunder mit Vanillepudding

Vorbereitungszeit: 10 Minuten
Zubereitungszeit: 10 Minuten + 16–18 Minuten Backzeit

Zutaten für 6 Plunder

Vanillepudding

240 ml ungesüßte Pflanzenmilch (siehe Tipps)
3 EL Speisestärke (24 g)
1–2 EL Zucker (oder Sirup nach Geschmack)
1 ½ TL Vanilleextrakt (oder 1 Prise gemahlene Bourbon-Vanille)
1 Prise gemahlene Kurkuma (nach Belieben für die Farbe)

Plunder

1 Rolle veganer Blätterteig (270 g; Fertigprodukt aus dem Kühlregal)
2–3 EL ungesüßte Pflanzenmilch (zum Bestreichen)
1–2 TL Kokosblütenzucker (oder brauner Zucker)

Zum Garnieren

150 g Erdbeeren (oder andere Früchte/Beeren)
1 EL Kokosraspel (oder gehackte Nüsse/vegane Schokolade)

Nährwerte pro Portion: 266 kcal (F 15 g · KH 28 g · EW 3 g)

Vanillepudding 1 3–4 EL **Pflanzenmilch** in ein kleines Gefäß gießen. **Speisestärke, Zucker, Vanilleextrakt** und **Kurkuma** (falls verwendet) hinzufügen und glatt rühren. Beiseitestellen. 2 Die restliche **Pflanzenmilch** in einen kleinen Topf geben und aufkochen. Dann mit dem Schneebesen die Stärkemischung einrühren und erneut zum Kochen bringen. Unter ständigem Rühren 1–2 Minuten kochen, bis ein dickflüssiger, cremiger Pudding entsteht. Dann vom Herd nehmen, mit Frischhaltefolie abdecken und abkühlen lassen. (Die Frischhaltefolie verhindert, dass der Pudding eine Haut bildet.) 3 Nach dem Abkühlen den Pudding noch einmal durchmixen, bis er glatt und cremig ist.

Plunder 1 Den Backofen auf 220 °C Ober-/Unterhitze vorheizen. 2 Den **Blätterteig** ausrollen, in sechs Quadrate schneiden (oder mehr/weniger, je nach gewünschter Größe) und auf ein mit Backpapier ausgelegtes Backblech legen. Die Ecken zur Mitte hin falten und andrücken, damit sie beim Backen nicht aufgehen. 3 Die Teiglinge mit etwas **Pflanzenmilch** bepinseln. Dann mit einem Teelöffel oder einem Spritzbeutel ein wenig Pudding in die Mitte der Teigstücke geben (aber nicht zu viel, sonst läuft er beim Backen über). Zum Schluss mit dem Kokosblütenzucker bestreuen. 4 Im vorgeheizten Ofen 16–18 Minuten backen, bis die Plunder aufgegangen, luftig und goldbraun sind. Nun herausnehmen und etwas abkühlen lassen. 5 Die Blätterteigplunder mit

Fortsetzung auf Folgeseite

Fortsetzung

Blätterteigplunder mit Vanillepudding

frischen **Erdbeeren** oder anderen **Früchten** nach Wahl belegen und mit **Kokosraspeln** oder gehackten **Nüssen** oder **Schokolade** bestreuen. Guten Appetit!

Tipps ● Pflanzenmilch: Ich bevorzuge Kokosmilch light aus der Dose, da der Pudding dadurch reichhaltiger und cremiger wird. Man kann auch eine andere ungesüßte pflanzliche Milch wie Sojamilch, Mandelmilch oder Cashewmilch verwenden. Allerdings wird der Pudding dann etwas wässriger. In diesem Fall kann man 1–2 EL Nussbutter hinzufügen, um den Pudding reichhaltiger zu machen, zum Beispiel Cashewmus, Mandelmus oder Erdnussbutter. Für eine nussfreie Version etwas Tahini oder Sonnenblumenmus zufügen. ● Speisestärke: Alternativ kann man Vanille-Puddingpulver oder Pfeilwurzmehl verwenden. ● Zucker: Jede beliebige Zuckersorte ist hier geeignet, zum Beispiel Rohrohrzucker, Kokosblütenzucker oder Dattelzucker – oder Erythrit für eine zuckerfreie Version. Ahornsirup, Agavendicksaft oder Dattelsirup kann man ebenfalls verwenden. ● Deko: Sehr attraktiv sieht es aus, wenn man mit Zitronenmelisse, kleinblättriger Minze oder essbaren Blüten dekoriert.

Johannisbeer-Käsekuchen mit Streuseln

Vorbereitungszeit: 5 Minuten
Zubereitungszeit: 20 Minuten + ca. 60 Minuten Backzeit + Kühlzeit über Nacht

Zutaten für 8 Stücke

Mürbeteig

160 g Weizenmehl Type 405 oder Dinkelmehl Type 630 (oder glutenfreies Mehl; siehe Tipps)
1 TL Backpulver
1 Prise Salz
60 g Zucker
80 g kalte vegane Butter, in kleine Würfel geschnitten + etwas mehr zum Einfetten

Füllung

60 g vegane Butter
500 g Sojaquark Natur (z. B. „Skyr-Style“)
180 ml Soja-Cuisine (oder Hafer-Cuisine oder vollfette Kokosmilch)
80 g Zucker
1 TL Vanilleextrakt
1 Pck. Vanille-Puddingpulver (oder 37 g Speisestärke + 1 TL Vanilleextrakt)
1 EL Zitronensaft
½ TL abgeriebene Biozitronenschale (nach Belieben)
250 g Rote Johannisbeeren, abgezupft, oder andere Beeren + nach Belieben Johannisbeeren zum Garnieren

Mürbeteig 1 Den Backofen auf 180 °C Ober-/Unterhitze vorheizen. Den Rand der Push Pan oder Springform einfetten und den Boden mit Backpapier auslegen. (Am besten die Form anschließend kurz ins Gefrierfach stellen. Wenn sie nämlich vorgekühlt ist, bleibt der Mürbeteig auch kühl, sodass man den Rand später leichter formen kann.) 2 **Mehl, Backpulver, Salz** und **Zucker** in einer Schüssel vermischen. Klein gewürfelte vegane **Butter** und 2 EL kaltes Wasser hinzugeben und alles rasch zu einem Teig verkneten. 3 Den Teig anschließend auf Backpapier zu einem Kreis ausrollen. Dann in die vorbereitete Backform legen und gleichmäßig am Boden und am Rand festdrücken. Zuletzt den Boden einige Male mit einer Gabel einstechen und die Form wieder in den Kühlschrank stellen, während die Käsefüllung zubereitet wird.

Füllung 1 Die vegane **Butter** in einem kleinen Topf langsam schmelzen und etwas abkühlen lassen. 2 **Sojaquark, Soja-Cuisine, Zucker, Vanilleextrakt** und **Puddingpulver** in eine große Rührschüssel füllen und mit dem Handrührgerät schön cremig mixen. Dann geschmolzene Butter, **Zitronensaft** und nach Belieben **Zitronenschale** unterrühren und zuletzt zwei Drittel der **Johannisbeeren** vorsichtig unterheben. 3 Die Springform aus dem Kühlschrank nehmen, die Füllung hineingeben und glatt streichen.

Streusel 1 **Mehl, Zucker** und **Butter** zu Streuseln verkneten und mit den restlichen **Johannisbeeren** auf der Füllung verteilen. 2 Im vorgeheizten Ofen etwa 60 Minuten backen. Anschließend vollständig abkühlen lassen und über Nacht in den Kühlschrank stellen. 3 Am nächsten Tag den Käsekuchen aus der Form nehmen und nach Wunsch mit noch mehr Beeren garnieren. Dann anschneiden und genießen.

Fortsetzung auf Folgeseite

Region: Deutschland

Fortsetzung

Johannisbeer-Käsekuchen mit Streuseln

Streusel
50 g Weizenmehl Type 405 oder Dinkelmehl Type 630 (oder glutenfreies Mehl)
2 EL Zucker (Sorte nach Belieben)
25 g kalte vegane Butter, in kleine Würfel geschnitten

Außerdem
Push Pan oder Springform (Ø 20 cm)

Nährwerte pro Portion: 406 kcal (F 10 g · KH 48 g · EW 7 g)
optional glutenfrei (mit glutenfreiem Mehl)

Tipps ● Mehl: Für eine glutenfreie Alternative eignet sich eine glutenfreie Mehlmischung 1:1. Ich empfehle, dann noch ein Leinsamen-Ei hinzuzufügen, damit der Teig besser zusammenhält (1 EL gemahlene Leinsamen in 3 EL heißes Wasser rühren und etwa 5 Minuten quellen lassen). ● Sojaquark: Ich verwende gern „Skyr-Style“, aber du kannst auch einen anderen veganen Quark oder cremig gemixten Seidentofu nehmen. Wenn du gesüßten Sojaquark verwendest, solltest du die Zuckermenge reduzieren. ● Beeren: Du kannst deine Lieblingsbeeren in die Füllung geben oder diese ganz weglassen. Wenn du gefrorene Beeren nimmst, mische sie vorher vorsichtig mit etwa 2 EL Mehl oder Speisestärke, damit die Flüssigkeit den Käsekuchen nicht wässrig macht. ● Kurkuma: Für eine gelbere Farbe eine Prise gemahlene Kurkuma oder nach Belieben einen Tropfen natürliche gelbe Lebensmittelfarbe zur Füllung hinzufügen. ● Zucker: Verwende eine beliebige Sorte, aber keinen Sirup. Um Puderzucker selbst herzustellen, den Zucker in der Küchenmaschine oder Kaffeemühle zu feinem Puderzucker verarbeiten. Du kannst auch einen Zuckerersatz ausprobieren, um den Kuchen zuckerfrei zu machen. ● Aufbewahrung: Der vegane Käsekuchen kann bis zu 5 Tage im Kühlschrank aufbewahrt werden.

PEACE

Haferkekse

Zubereitungszeit: 10 Minuten + ca. 15 Minuten Backzeit

Zutaten für 12 Kekse

- 125 g zarte Haferflocken
- 50 g Weizenmehl Type 405 oder Dinkelmehl Type 630 (oder glutenfreies Mehl)
- ½ Pck. Backpulver (oder ½ TL Natron)
- 1 Prise gemahlene Vanille
- 1 Prise Salz
- 60 g Rohrohrzucker (oder anderer Zucker nach Belieben)
- 100 g weiche vegane Butter, in kleine Stücke geschnitten
- 40 g Agavendicksaft (oder anderer Sirup nach Belieben)
- 1–2 EL ungesüßte Pflanzenmilch (bei Bedarf)

Nährwerte pro Portion: 139 kcal (F 3 g · KH 17 g · EW 2 g)
optional glutenfrei (mit glutenfreiem Mehl)

(1) Den Backofen auf 200 °C Ober-/Unterhitze (oder 180 °C Umluft) vorheizen und ein Backblech mit Backpapier auslegen. (2) **Haferflocken, Mehl, Backpulver, Vanille, Salz** und **Zucker** in eine Schüssel geben und vermischen. Dann die weiche vegane **Butter** und den **Agavendicksaft** dazugeben und alles zu einem Teig verkneten (sollte die Mischung zu trocken aussehen, etwas **Pflanzenmilch** hinzugießen). (3) Aus dem Teig zwölf walnussgroße Kugeln formen (à etwa 30 g) und mit genügend Abstand auf das vorbereitete Backblech setzen. Mit der Handfläche etwas flach drücken (je flacher man sie macht, umso dünner und knuspriger werden sie). (4) Im vorgeheizten Ofen etwa 15 Minuten goldbraun backen. (5) Anschließend vollständig abkühlen lassen. (Die Kekse sind nach dem Backen noch sehr weich, aber sie werden beim Abkühlen knusprig.) (6) In einer Keksdose luftdicht aufbewahren oder sofort aufessen.

Tipps • Für glutenfreie Cookies verwende eine glutenfreie Mehlmischung 1:1. • Anstelle von veganer Butter kannst du 80 g Kokosöl + 1 EL Apfelmus einarbeiten.

Himbeer-Desserttörtchen

Zubereitungszeit: 35 Minuten + 1 ½–2 ½ Stunden Kühlzeit

Zutaten für 6 Törtchen

Keksböden

170 g Haferkekse (siehe Seite 177 oder andere beliebige Kekse)
50 g vegane Butter (oder 40 g Kokosöl + 1 EL Apfelmus oder veganer Joghurt)

Helle Cremeschicht

150 ml vegane Schlagcreme (oder andere aufschlagbare Pflanzensahne)
150 ml Kokosmilch
½ TL Agar-Agar
1–2 EL Zucker (oder Sirup; nach Geschmack)
1 TL Vanilleextrakt (oder 1 Prise gemahlene Bourbon-Vanille)

Himbeer-Cremeschicht

250 g TK-Himbeeren
150 ml vegane Schlagcreme (oder andere aufschlagbare Pflanzensahne)
½ TL Agar-Agar

Keksböden (1) Ein kleines Backblech oder Tablett mit Backpapier auslegen und die Dessertringe darauf platzieren. (2) Die **Haferkekse** in einen Gefrierbeutel geben und mit einem Nudelholz zu Krümeln mahlen (oder die Küchenmaschine verwenden). (3) Dann die Kekskrümel in eine Schüssel geben. Die vegane **Butter** schmelzen, über die Krümel träufeln und gut vermischen. (4) Die Keksmasse in die vorbereiteten Dessertringe füllen, andrücken und 10–20 Minuten kalt stellen.

Helle Cremeschicht (1) Währenddessen die **Schlagcreme** steif schlagen und beiseitestellen. (2) Die **Kokosmilch** in einen Topf gießen. **Agar-Agar** einrühren und 1 Minute (oder laut Packungsangaben) unter Rühren aufkochen. **Zucker** und **Vanilleextrakt** unterrühren und kurz abkühlen lassen. Dann langsam in die steife Schlagcreme gießen und zügig unterheben. (3) Die Creme in die Dessertringe füllen und wieder kalt stellen (etwa 20 Minuten, damit die Oberfläche fester wird und man gleichmäßige Schichten erhält).

Himbeer-Cremeschicht (1) Währenddessen die **Himbeeren** in einem Topf erhitzen, bis sie aufgetaut und weich sind. Dann durch ein feines Sieb drücken und den Saft auffangen (ergibt etwa 150 ml). (2) Die **Schlagcreme** steif schlagen und beiseitestellen. (3) Himbeersaft und **Agar-Agar** in einem Topf verrühren, bis sich das Pulver vollständig aufgelöst hat. Dann unter Rühren zum Kochen bringen und 1–2 Minuten (oder laut

Fortsetzung auf Folgeseite

Fortsetzung

Himbeer-Desserttörtchen

1–2 EL Zucker (oder Sirup; nach Geschmack)
½ TL Vanilleextrakt (oder 1 Prise gemahlene Bourbon-Vanille)

Nach Belieben zum Dekorieren
frische Himbeeren
Johannisbeeren
kleine Minzeblättchen
Kokosraspel

Außerdem
6 Dessertringe (Ø à ca. 8 cm)

Nährwerte pro Portion: 355 kcal (F 26 g · KH 27 g · EW 3 g)

Packungsangaben) unter Rühren kochen. **Zucker** und **Vanilleextrakt** einrühren und etwas abkühlen lassen, dann zügig unter die Schlagcreme heben. 4 Die Himbeercreme in die Dessertringe füllen und mindestens 1–2 Stunden im Kühlschrank fest werden lassen.

Desserttörtchen dekorieren 1 Die Törtchen vorsichtig aus den Ringen lösen, auf Dessertteller setzen und nach Belieben mit frischen **Himbeeren, Johannisbeeren, Minze** und **Kokosraspeln** dekorieren.

Tipps ● Das Agar-Agar zunächst in der Kokosmilch auflösen. Erst dann den Herd einschalten und unter Rühren aufkochen lassen. ● Da Agar-Agar bereits bei Temperaturen unter 45 °C geliert, solltest du die Agar-Agar-Mischung nach dem Kochen nur kurz abkühlen lassen, bis sie beginnt, geleeartig zu werden, und dann zügig unter die Sahne heben. Achte auch darauf, keine kalte Sahne zu nehmen, denn das würde das Abkühlen beschleunigen, sodass Klümpchen entstehen können.

Schoko-Kirsch-Kuchen

Vorbereitungszeit: 5 Minuten
Zubereitungszeit: 15 Minuten + ca. 55 Minuten Backzeit

Zutaten für 12 Stücke

90 g Öl (z. B. Sonnenblumen- oder Rapsöl oder geschmolzenes Kokosöl) + etwas mehr zum Einfetten
1 Glas Sauerkirschen (350 g Abtropfgewicht; oder frische Kirschen)
1 EL Speisestärke (oder Puddingpulver)
240 g Weizenmehl Type 405 oder Dinkelmehl Type 630 (oder glutenfreies Mehl)
6 EL Kakaopulver (40 g)
1 ½ TL Backpulver (8 g)
1 TL Natron (6 g; oder 2 TL mehr Backpulver)
150 g Zucker (siehe Tipps)
1 Prise Salz
240 ml Saft aus dem Sauerkirschglas (oder Wasser oder Pflanzenmilch)
1 TL Vanilleextrakt
1 EL Apfelessig

Nach Belieben zum Servieren
Kokosraspel
frische Kirschen
kleine Minzeblättchen
vegane Eiscreme

Außerdem
Springform (Ø 22–24 cm)

Nährwerte pro Portion: 244 kcal (F 8 g · KH 37 g · EW 3 g)
optional glutenfrei (mit glutenfreiem Mehl)

1 Den Backofen auf 180 °C Ober-/Unterhitze vorheizen. Die Springform leicht **einfetten** und den Boden mit Backpapier auslegen. 2 Die **Kirschen** abgießen, dabei den Saft auffangen, und gut abtropfen lassen. Die **Speisestärke** zu den Kirschen geben und vorsichtig vermengen. 3 **Mehl, Kakaopulver** und **Backpulver** in eine große Schüssel sieben. Dann **Natron, Zucker** und **Salz** zugeben und vermischen. 4 In einem Gefäß **Kirschsaft, Öl, Vanilleextrakt** und **Apfelessig** verrühren. Dann in die Mehlmischung gießen und mit einem Schneebesen oder Löffel kurz zu einem homogenen Teig verrühren (nicht zu lange rühren, sonst wird der Kuchen nicht fluffig, sondern eher kompakt). 5 Die Hälfte des Teigs in die vorbereitete Backform geben und die Hälfte der Kirschen darauf verteilen. Dann den restlichen Teig einfüllen und zuletzt die restlichen Kirschen darüber verteilen. 6 Im vorgeheizten Ofen etwa 55 Minuten backen oder bis ein Zahnstocher sauber herauskommt. 7 Aus dem Backofen nehmen und vor dem Anschneiden komplett abkühlen lassen. 8 Den Kuchen nach Belieben mit **Kokosraspeln** bestreuen und mit frischen **Kirschen** und **Minzeblättchen** garnieren. Mit einer Kugel veganer **Eiscreme** oder einfach so servieren und schmecken lassen.

Tipps • Mehl: Statt Weizen- oder Dinkelmehl kann eine glutenfreie Mehlmischung 1:1 verwendet werden. Eine Mischung aus hellem Mehl und Vollkornmehl funktioniert ebenfalls gut. Vollkornmehl allein geht zwar auch, aber der Kuchen wird dann vielleicht zu kompakt. • Ölfrei: Wer sich fettarm ernährt, kann einen Teil des Öls durch ungesüßtes Apfelmus ersetzen. • Zucker: Ich habe eine Mischung aus Rohrohrzucker und Kokosblütenzucker genommen, aber man kann jede Zuckersorte verwenden. Wer Sirup nimmt, der sollte etwas weniger Kirschsaft einsetzen. • Variation: Zuletzt noch einige vegane Schokodrops oder etwas gehackte vegane Schokolade oder Nüsse in den Teig rühren. • Oberfläche: Wer möchte, kann noch etwas Kirschsaft, Likör oder Kirschkompott über den Kuchen streichen, damit er länger saftig bleibt.

Region: Deutschland

Bananen-Eiscreme mit Kirschsorbet

Zubereitungszeit: 8 Minuten

Zutaten für 2 Portionen

5 überreife gefrorene Bananen
1 Prise gemahlene Vanille (nach Belieben)
4–6 EL ungesüßte Pflanzenmilch (je nach Bedarf)
160 g gefrorene entsteinte Kirschen

Nach Belieben zum Garnieren

frisches Obst (z. B. Kirschen und Johannisbeeren)
Quinoa- oder Amaranth-Pops
vegane Schokolade, gehackt

Nährwerte pro Portion: 338 kcal (F 2 g · KH 67 g · EW 5 g)
frei von raffiniertem Zucker, glutenfrei

1 Die gefrorenen **Bananen** in den Mixer oder die Küchenmaschine geben und cremig mixen. Bei Bedarf **Vanille** (für den Geschmack) oder etwas **Pflanzenmilch** (um das Pürieren zu vereinfachen) hinzugeben. 2 Die Hälfte der Bananen-Eiscreme in Schalen, Gläser oder einen Behälter umfüllen. Dann die **Kirschen** in den Mixer geben und cremig pürieren. Das Kirschsorbet auf oder neben die Bananen-Eiscreme geben.
3 Entweder sofort servieren oder im Behälter 30 Minuten einfrieren und dann mit einem Eisportionierer herausnehmen.
4 Die Portionen nach Belieben mit den gewünschten Toppings wie **Kirschen, Beeren, Quinoa-** oder **Amaranth-Pops** und gehackter **Schokolade** garnieren und genießen.

Tipps • Das Rezept ist für zwei große Portionen ausgelegt, da das leichter zu mixen ist als eine kleine Menge. • Achte darauf, überreife Bananen zu verwenden, die bereits braun werden. Zum Einfrieren schälen und in große Stücke schneiden, dann in einen luftdichten Ziplock-Beutel oder Behälter geben und einfrieren. Man kann auch eine große Menge einfrieren, damit man immer welche parat hat, wenn man Bananen-Eiscreme zubereiten möchte. • Deko: Sehr hübsch machen sich kleine Minzeblättchen und essbare Blüten als Deko.

Region: Deutschland

Hua Juan – chinesische Dampf-brötchen mit Frühlingszwiebeln (Rezept siehe Seite 190)

Asien

Die Vorliebe für asiatisches Essen hat mir mein Vater mitgegeben. Immer wenn er für uns kochte, gab es asiatische/thailändische Gerichte.

Asien

Inspiriert von Gerichten aus China, Indonesien, Japan, Korea, Asien, Thailand und dem Fernen Osten

Hua Juan – chinesische Dampfbrötchen mit Frühlingszwiebeln

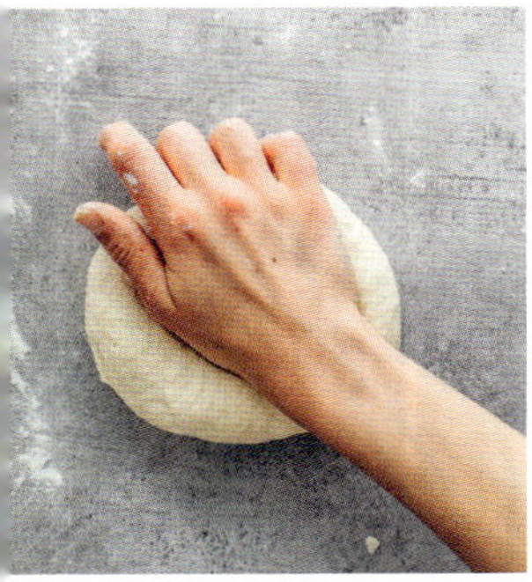

Vorbereitungszeit: 10 Minuten + ca. 45 Minuten Ruhezeit
Zubereitungszeit: 30 Minuten + ca. 15 Minuten Garzeit

Zutaten für 10 Dampfbrötchen

Hefeteig

300 g Weizenmehl 405 oder Dinkelmehl 630 (oder glutenfreies Mehl) + etwas mehr zum Bestäuben
2 TL Trockenhefe
½ TL Salz
180 ml handwarme ungesüßte Sojamilch (ca. 38 °C; oder andere Pflanzenmilch)
1 EL Agavendicksaft (oder anderer Sirup/Zucker)
Öl zum Einfetten

Frühlingszwiebelfüllung

2 EL Sesamsamen
1 Bund Frühlingszwiebeln (nur grüne Teile)
½ TL Salz
1 EL neutrales Öl (z. B. Sonnenblumen- oder Rapsöl)
1 EL Sesamöl (oder neutrales Öl)

Hefeteig (1) **Mehl, Trockenhefe** und **Salz** in einer großen Schüssel vermischen. Handwarme **Sojamilch** und **Agavendicksaft** hinzufügen und mit Stäbchen (oder einem Holzlöffel) verrühren, bis der Teig verklumpt. Dann auf die Arbeitsfläche geben und mit den Händen weiterkneten (oder die Küchenmaschine mit Knethaken verwenden), bis ein glatter, geschmeidiger Teig entsteht – das dauert etwa 5–8 Minuten. (2) Den Teig in eine **geölte** Schüssel geben, mit etwas **Öl** bepinseln und abgedeckt etwa 45 Minuten gehen lassen, bis sich das Teigvolumen verdoppelt hat.

Frühlingszwiebelfüllung (1) Inzwischen den **Sesam** in einer Pfanne ohne Zugabe von Fett 2–3 Minuten rösten, dabei oft umrühren. (2) Das **Frühlingszwiebelgrün** in dünne Ringe schneiden und in eine Schüssel geben. Mit **Salz** bestreuen, beide **Öle** und gerösteten Sesam hinzugeben und vermengen. Die Schüssel abdecken und bis zur weiteren Verwendung im Kühlschrank aufbewahren.

Brötchenteig falten (1) Den aufgegangenen Teig einmal kurz durchkneten, um Luftblasen zu entfernen. (2) Dann zu einer Rolle formen und in zehn Stücke teilen. Jeweils ein Stück bearbeiten und die übrigen abdecken, damit sie nicht austrocknen. (3) Eine Teigportion zuerst zu einer Kugel formen und dann zu einem ovalen Wrapper ausrollen. (4) Etwa 1–2 EL der Frühlingszwiebelfüllung darauf verteilen und den Teig längs in Streifen schneiden. Die länglichen äußeren Seiten zur Mitte hin falten, dann beide Enden fassen und zu einer Kordel verdrehen. Diesen Vorgang wiederholen, bis alle Teiglinge gefaltet sind. (Reste der Füllung zum Servieren verwenden.)

Fortsetzung auf Folgeseite ▶

Fortsetzung

Hua Juan – chinesische Dampfbrötchen mit Frühlingszwiebeln

Zum Dämpfen
etwas Öl zum Garen
2 EL Sesamsamen (optional)
Zum Servieren
1 Rezeptmenge Dip
(siehe Seite 209)

Nährwerte pro Portion: 180 kcal (F 5 g · KH 28 g · EW 5 g) frei von raffiniertem Zucker, optional glutenfrei (mit glutenfreiem Mehl)

Brötchen dämpfen (1) Etwas **Öl** in einer beschichteten Pfanne auf mittlerer Stufe erhitzen. Die Unterseite der Brötchen in **Sesam** drücken (optional), dann in die heiße Pfanne setzen (darauf achten, dass zwischen den einzelnen Brötchen genügend Platz ist, da sie beim Dämpfen aufgehen) und etwa 3–4 Minuten braten, bis die Unterseiten goldbraun und knusprig sind. Dann vorsichtig 80 ml Wasser eingießen, um Dampf zu erzeugen. Sofort die Pfanne abdecken, die Hitze auf niedrige Stufe reduzieren und die Brötchen etwa 10 Minuten dämpfen, bis das Wasser verdunstet ist. (2) Anschließend die Dampfbrötchen aus der Pfanne nehmen, mit restlichem Sesam und restlicher Frühlingszwiebelfüllung garnieren und mit dem **Dip** servieren. Guten Appetit!

Tipps • Teig: Man kann auch eine glutenfreie Mehlmischung 1:1 verwenden. • Aufbewahrung: Übrige gedämpfte Brötchen können in einem luftdicht schließenden Behälter im Kühlschrank bis zu 5 Tage aufbewahrt werden. Zum Aufwärmen etwas Wasser in einen Topf oder eine mikrowellengeeignete Schale geben. Dann die Brötchen hineingeben, abdecken und aufwärmen. • Einfrieren: Um die rohen Brötchen einzufrieren, auf ein Backblech oder ein Holzbrett setzen, dabei zwischen den einzelnen Brötchen etwas Platz lassen, damit sie nicht zusammenkleben. 1–2 Stunden anfrieren, dann in einen Gefrierbeutel umfüllen. Man kann sie später direkt aus dem Gefrierfach (kein Auftauen erforderlich) auf die gleiche Weise wie oben angegeben braten und dämpfen, eventuell brauchen sie nur etwas länger.

Asiatische Kohlrouladen

Vorbereitungszeit: 10 Minuten
Zubereitungszeit: 25 Minuten + 40–45 Minuten Backzeit

Zutaten für 10 Kohlrouladen

200 g kurzkörniger Reis (entspricht ca. 2 Cups gekochtem Reis)
1 Pck. Sonnenblumen-Hack (76 g; oder Sojagranulat)
240 ml heiße Gemüsebrühe (zum Einweichen)
10 große Wirsingblätter (oder Weiß- oder Chinakohl)
3 EL Sesam- oder Rapsöl + etwas Öl zum Einfetten
3 Frühlingszwiebeln, in feine Scheiben geschnitten
4 Knoblauchzehen, gehackt
1 EL geriebener Ingwer (optional)
2 kleine Karotten, fein gewürfelt
1 rote Paprika, fein gewürfelt
3 EL Tamari (oder Sojasauce)
Salz
gemahlener schwarzer Pfeffer

Nach Belieben zum Garnieren und Servieren
Frühlingszwiebelröllchen
Sesamsamen
süße Chilisauce

Nährwerte pro Portion: 171 kcal (F 5 g · KH 21 g · EW 8 g)
frei von raffiniertem Zucker, glutenfrei

1 Den **Reis** nach Packungsanweisung kochen. Dann beiseitestellen. 2 Inzwischen das **Sonnenblumen-Hack** in eine Schüssel geben, mit heißer **Gemüsebrühe** bedecken und 5–10 Minuten einweichen. Anschließend in ein feinmaschiges Sieb geben, gut abtropfen lassen und die überschüssige Flüssigkeit ausdrücken. 3 Den Backofen auf 200 °C Ober-/Unterhitze vorheizen. 4 Wasser in einem großen Topf zum Kochen bringen. Dann die Hitze reduzieren und die **Kohlblätter** darin 2–3 Minuten blanchieren, bis sie weich genug zum Rollen sind. Abgießen und zum Abschrecken in eine Schüssel mit Eiswasser geben, dann abtropfen lassen und trocken tupfen. (Wenn der Kohlstrunk sehr dick und hart ist, kann man ihn mit einem Fleischklopfer weich klopfen oder mit einem scharfen Messer einschneiden, dabei aber das Blatt ganz lassen.) 5 Nun 1 EL **Öl** in einer Pfanne oder einem Topf erhitzen. **Frühlingszwiebeln, Knoblauch, Ingwer, Karotten** und **Paprika** dazugeben und etwa 5 Minuten dünsten, bis das Gemüse gar und leicht gebräunt ist. Dann vom Herd nehmen und etwas abkühlen lassen. 6 Gekochten Reis, eingeweichtes Sonnenblumen-Hack und angebratenes Gemüse in eine Schüssel geben, mit **Tamari** beträufeln, alles gut vermengen und nach Geschmack mit **Salz** und **Pfeffer** würzen. 7 Ein vorgekochtes Kohlblatt auf ein Holzbrett oder die Arbeitsfläche legen. Je nach Größe der Blätter 4–5 EL Füllung daraufgeben und aufrollen, dabei die Seiten einschlagen. Anschließend optional mit einem Zahnstocher oder Küchengarn verschließen, um sicherzustellen, dass sie sich nicht öffnen. Diesen Vorgang mit den restlichen Kohlblättern und der Füllung fortsetzen, bis alles aufgebraucht ist. 8 Die Kohlrouladen mit der Naht nach unten in eine leicht **gefettete** ofenfeste Pfanne oder Backform setzen, mit dem restlichen **Öl** beträufeln, den Deckel aufsetzen oder mit Alufolie bedecken und im vorgeheizten

Fortsetzung auf Folgeseite

Asiatische Kohlrouladen

Ofen 25–30 Minuten backen. Dann Deckel oder Alufolie entfernen und weitere 15 Minuten backen, bis die Oberseite anfängt, goldbraun zu werden. 9 Die Kohlrouladen nach Belieben mit **Frühlingszwiebeln** und **Sesam** oder anderen Toppings nach Wahl garnieren und mit süßer **Chilisauce** (oder einer anderen Sauce) servieren.

Tipps ● Sauce: Die Kohlrouladen schmecken mit Tomatensauce (siehe Seite 44), ich würde dann aber bei der Füllung den Ingwer weglassen. ● Veganes Hack: Du kannst jede vegane Hackfleischalternative verwenden, die du magst, zum Beispiel Sojagranulat, zerbröselten Tofu, abgepacktes veganes Hackfleisch, gestampfte Bohnen oder Linsen aus der Dose. ● Kräuter/Gewürze: Gern kannst du frische Kräuter oder weitere Gewürze hinzufügen. Auch gehackte Nüsse sind eine köstliche Ergänzung. ● Zubereitung auf dem Herd: Du kannst die Kohlrouladen in einer großen Bratpfanne in etwas Öl etwa 5 Minuten goldbraun braten. Dann etwa 350 ml Gemüsebrühe hineingießen und abgedeckt circa 20 Minuten (oder bis sie weich sind) schmoren.

Tofu-Saté-Spieße

Vorbereitungszeit: 10 Minuten
Zubereitungszeit: 5 Minuten + 20–25 Minuten Backzeit

Zutaten für 8 Spieße

Spieße
400 g Tofu Natur
1 EL Erdnussbutter
1 TL rote Thai-Currypaste
2 EL Tamari (oder Sojasauce)
1 EL Agavendicksaft (oder Ahornsirup)
1 EL Reisessig
2 Knoblauchzehen, gepresst

Satay-Sauce
120 ml Kokosmilch
80 g Erdnussbutter
1 TL rote Thai-Currypaste
2 EL Tamari (oder Sojasauce)
1 EL Agavendicksaft (oder Ahornsirup)
1 EL Reisessig (oder Limettensaft)
1 Knoblauchzehe, gepresst
1 TL geriebener Ingwer
Sriracha oder Chilipulver (optional, nach Geschmack)

Nach Belieben zum Servieren
gegarter Reis
Biolimettenspalten
Sesamsamen oder Erdnüsse
frische Kräuter (z. B. Koriandergrün, Minze, Petersilie)
Frühlingszwiebelringe

Außerdem
8 Holzspieße (oder Metallspieße)

Nährwerte pro Portion: 179 kcal (F 12 g · KH 7 g · EW 10 g)
glutenfrei

Spieße 1 Den **Tofu** zwischen Küchenpapier trocken pressen. Dann in etwa 1 cm große Würfel schneiden und in eine Schüssel geben. 2 **Erdnussbutter, Thai-Currypaste, Tamari, Agavendicksaft, Reisessig,** 1 EL Wasser und **Knoblauch** in einer Schüssel zu einer Marinade verrühren. Dann über die Tofuwürfel gießen, alles gut vermengen und 5–10 Minuten ziehen lassen. 3 Inzwischen den Backofen auf 200 °C Umluft vorheizen und ein Backblech mit Backpapier auslegen. (Alternativ können die Spieße auch auf dem Grill zubereitet werden.) 4 Die marinierten Tofuwürfel auf acht Holzspieße stecken und mit genügend Abstand auf das vorbereitete Backblech legen. Im vorgeheizten Ofen 20–25 Minuten backen (oder 5–10 Minuten auf dem Grill grillen). Nach der Hälfte der Backzeit wenden.

Satay-Sauce 1 **Kokosmilch, Erdnussbutter, Thai-Currypaste, Tamari, Agavendicksaft, Reisessig, Knoblauch, Ingwer** und **Sriracha** nach Geschmack cremig pürieren und in eine Schale füllen. 2 Die Tofu-Saté-Spieße nach Belieben auf **Reis** servieren, **Limettenspalten** dazulegen, mit **Sesam** oder **Erdnüssen, Kräutern** und **Frühlingszwiebelringen** garnieren und dazu die Satay-Sauce reichen. Guten Appetit!

Tipps • Die marinierten Tofuwürfel kann man über Nacht im Kühlschrank ziehen lassen. Dadurch werden sie noch schmackhafter. • Übrig gebliebene Spieße können in einem Ziplock-Beutel oder luftdicht schließenden Behälter 3–5 Tage im Kühlschrank aufbewahrt werden. • Die Satay-Sauce hält sich in einem verschlossenen Glas bis zu 1 Woche im Kühlschrank. Wenn sie abkühlt, wird sie fester, aber man kann sie in der Mikrowelle vorsichtig wieder erwärmen und bei Bedarf etwas Kokosmilch oder Wasser hinzugeben, um sie zu verdünnen.

Region: Thailand und Indonesien

Chinesische Sesamnudeln

Vorbereitungszeit: 10 Minuten
Zubereitungszeit: 15 Minuten

Zutaten für 4 Portionen

Sauce
2 TL Sesamöl
4–6 Knoblauchzehen, gehackt
2 TL geriebener Ingwer
3 EL Tamari (oder Sojasauce)
1 ½ EL Reisessig
3 EL Tahini (Sesampaste)
1 ½ EL Kokosblütensirup (oder Ahornsirup)
2 TL Sriracha (oder nach Geschmack)

Nudeln und Gemüse
Salz
200 g braune Reisnudeln (oder Somen, Udon, Ramen, Linguine)
1 EL Sesamöl, Erdnuss- oder Rapsöl
1 Karotte, in Stifte geschnitten
1 rote Paprika, in Streifen geschnitten
3 Frühlingszwiebeln, in Streifen geschnitten, etwas Grün zum Garnieren in Röllchen geschnitten
200 g Brokkoliröschen
200 g Kichererbsen aus der Dose, abgebraust, abgetropft

Nach Belieben zum Garnieren
1 EL Erdnüsse, grob gehackt
1 EL geröstete Sesamsamen

Nährwerte pro Portion: 435 kcal (F 14 g · KH 63 g · EW 15 g)
glutenfrei

1 Für die Sauce das **Sesamöl** in einer Pfanne erhitzen. **Knoblauch** und **Ingwer** hinzufügen und 1 Minute anrösten. Dann mit **Tamari, Reisessig, Tahini, Kokosblütensirup** und **Sriracha** nach Geschmack zu einer Sauce mixen. Beiseitestellen. 2 Für die Nudeln **Salzwasser** in einem großen Topf zum Kochen bringen. Die **Reisnudeln** hineingeben und gemäß Packungsanweisung kochen. Anschließend abgießen und mit kaltem Wasser abschrecken. 3 In der Zwischenzeit für das Gemüse 1 EL **Sesamöl** in einem großen Wok oder einer Pfanne erhitzen. **Karotten** und **Paprika** hinzufügen und unter gelegentlichem Rühren etwa 2 Minuten anbraten. Dann **Frühlingszwiebeln** und **Brokkoliröschen** hinzufügen und weitere 3–4 Minuten anbraten, bis der Brokkoli hellgrün wird. 4 Nun **Kichererbsen** einrühren, dann Nudeln und die Sauce hinzugeben und alles vorsichtig miteinander vermengen. 5 Die Nudelpfanne in Schalen servieren und nach Belieben mit **Frühlingszwiebelgrün, Erdnüssen** und **Sesam** garnieren. Guten Appetit!

Tipp • Gemüse: Auch andere Gemüsesorten passen gut. Hier kannst du kreativ werden!

Katsu – japanisches Tofuschnitzel

Vorbereitungszeit: 5 Minuten + evtl. ca. 30 Minuten Ruhezeit
Zubereitungszeit: 10 Minuten + ca. 10 Minuten Garzeit

Zutaten für 3 Tofuschnitzel

Tofuschnitzel

1 Block fester Tofu Natur (300 g)
80 ml ungesüßte Sojamilch (oder andere Pflanzenmilch)
40 g Weizenmehl Type 405 (oder glutenfreies Mehl)
1 EL Speisestärke
1 TL edelsüßes Paprikapulver
⅔ TL Salz
100 g Panko-Paniermehl (oder zerkleinerte Cornflakes; optional glutenfreies Panko)
Pflanzenöl zum Braten

Sauce

4 EL süße Chilisauce (siehe Tipps)
2 EL passierte Tomaten
1–2 EL Tamari (oder Sojasauce)
½ EL glutenfreie vegane Worcestershire-Sauce (optional)

Nach Belieben zum Garnieren und Servieren

gegarter Reis
Chinakohl, in feine Streifen geschnitten
Frühlingszwiebeln, in feine Scheiben geschnitten
Sesamsamen
Limettensaft

Nährwerte pro Portion: 440 kcal (F 16 g · KH 55 g · EW 17 g)
optional glutenfrei (mit glutenfreiem Mehl und glutenfreiem Panko)

❶ Für die Schnitzel den **Tofu** zunächst waagerecht in drei Scheiben schneiden. Dann in Küchenpapier (oder in ein sauberes Küchentuch) wickeln, um möglichst viel Flüssigkeit herauszudrücken. Am besten eine schwere Pfanne oder einen anderen schweren Gegenstand daraufstellen und etwa 30 Minuten (oder über Nacht) ruhen lassen, bis der Tofu sehr trocken ist. ❷ In einer flachen Schüssel **Sojamilch, Mehl, Speisestärke, Paprikapulver** und **Salz** verquirlen. Das **Panko-Paniermehl** in die andere Schüssel geben. ❸ Die Tofuscheiben zuerst in die Mehlmischung tunken, dann im Panko wälzen und auf einen Teller legen. ❹ Etwas **Öl** in einer großen Pfanne erhitzen und die panierten Tofuschnitzel darin etwa 5 Minuten pro Seite goldbraun knusprig braten. ❺ Währenddessen für die Sauce alle **Zutaten** vermengen. ❻ Die knusprigen Tofuschnitzel in Scheiben schneiden und nach Belieben auf **Reis** und **Chinakohl** anrichten. Nach Belieben mit **Frühlingszwiebeln** und **Sesam** bestreuen und mit der Sauce servieren. Nach Geschmack je einen Spritzer **Limettensaft** darüberträufeln.

Tipps ● Für eine fettärmere Zubereitung kann man die Schnitzel auch im Backofen bei 200 °C Ober-/Unterhitze 20 Minuten backen, dann wenden und etwa weitere 15 Minuten backen. ● Chilisauce: Falls keine zur Hand ist, einfach eine Mischung aus Ketchup, gehacktem Knoblauch und Chilipulver verwenden.

Kimchi-Pfannkuchen

Vorbereitungszeit: 10 Minuten
Zubereitungszeit: 10 Minuten + 6–8 Minuten Garzeit

Zutaten für 2 Portionen

Kimchi-Pfannkuchen
120 g Weizenmehl Type 405 (oder glutenfreies Mehl)
1 EL Speisestärke
1 Prise Salz (optional nach Geschmack)
150 g Kimchi, gehackt + 3 EL Kimchi-Saft (siehe Seite 205 oder Fertigprodukt)
2–3 EL Öl zum Braten

Gemüse
2 Frühlingszwiebeln (40 g), in dünne Streifen geschnitten
½ rote Paprika (80 g), in dünne Streifen geschnitten
1 kleine Karotte (60 g), in dünne Stifte geschnitten
3 EL Maiskörner aus der Dose, abgetropft

Dip
3 EL Tamari (oder Sojasauce)
1 EL Reisessig
1 EL Agavendicksaft
¼ TL Sesamöl
½ TL Sriracha (oder optional Sambal Oelek)

Nach Belieben zum Garnieren
1 EL geröstete Sesamsamen
Frühlingszwiebelringe

Nährwerte pro Portion: 530 kcal (F 18 g · KH 79 g · EW 14 g)
optional glutenfrei (mit glutenfreiem Mehl)

(1) Für die Kimchi-Pfannkuchen **Mehl, Speisestärke** und **Salz** (optional, denn der Dip ist sehr salzig) in einer großen Schüssel vermischen. (2) 160 ml Wasser hineingießen und kurz verrühren. Dann **Kimchi** und **Kimchi-Saft** hinzugeben und kurz weiterrühren, bis das Mehl eingearbeitet ist. (3) Eine große Antihaftpfanne bei mittlerer bis hoher Hitze erhitzen und das **Öl** eingießen. (4) Sobald die Pfanne heiß ist, etwa drei Viertel des Teigs in die Pfanne gießen und mit einem Löffel gleichmäßig verteilen. Dann das vorbereitete **Gemüse** darauf verteilen, mit einem Pfannenwender andrücken und zuletzt den restlichen Teig darauf verstreichen. Den Pfannkuchen 3–5 Minuten braten, bis er sich problemlos in der Pfanne bewegen lässt (dickere Pfannkuchen gegebenenfalls abdecken, damit der Teig besser stocken kann). Dann vorsichtig wenden und weitere 3 Minuten ohne Deckel braten, bis die Unterseite schön gebräunt und knusprig ist. (5) Währenddessen alle **Zutaten** für den Dip verrühren. (6) Den Pfannkuchen auf einen Teller geben und wie eine Pizza in Stücke schneiden. Sofort mit dem Dip servieren, solange die Stücke noch heiß und knusprig sind. Nach Belieben mit **Sesam** und **Frühlingszwiebeln** garnieren.

Tipps • Ich habe eine große Antihaftpfanne (Ø 24–26 cm) genommen, um einen großen Pfannkuchen zu machen. Man kann aber auch eine kleinere Pfanne nehmen, um zwei Pfannkuchen zu backen. Wer sie knuspriger mag, sollte sie eher dünner zubereiten. Je dicker die Pfannkuchen, umso mehr hat man von dem weichen Inneren. • Die Gemüsesorten können nach Belieben variiert oder sogar weggelassen werden. • Wenn sich der Pfannkuchen abkühlt, verliert er seine Knusprigkeit. Du kannst restliche Stücke aber prima in der Pfanne, im Backofen oder auf dem Grill erhitzen, bis sie wieder knusprig sind.

Region: Korea

Kimchi

Vorbereitungszeit: 10 Minuten + mind. 30 Minuten Ruhezeit
Zubereitungszeit: 25 Minuten + Fermentationszeit

Zutaten für 8 Portionen (à ca. 160 g)

Kohl
1,4 kg Chinakohl (oder Spitzkohl, Wirsing, Weißkohl)
40 g Meersalz

Reispaste
160 ml kalte Gemüsebrühe (oder Wasser)
2–3 EL Reismehl
2–3 EL Rohrohrzucker (oder anderer Zucker)

Gemüse
200 g weißer Rettich, geraspelt (oder Radieschen)
1 Karotte (ca. 100 g), geraspelt
2 Frühlingszwiebeln, in feine Scheiben geschnitten
1 Apfel, gewürfelt

Marinade
3-cm-Stück Ingwer, gerieben (oder Galgant/Kurkuma)
1 Schalotte, gehackt
6 große Knoblauchzehen, gehackt
1 Nashi-Birne, gewürfelt (oder Apfel)
30 ml Tamari (oder Sojasauce)
50 g Chiliflocken (z. B. koreanisches Gochugaru)
40 g edelsüßes Paprikapulver

Außerdem
3–4 Einmachgläser

Nährwerte pro Portion: 143 kcal (F 2 g · KH 22 g · EW 5 g)
glutenfrei

Kohl ① Den **Chinakohl** längs vierteln und in mundgerechte Stücke schneiden. Dann in ein Küchensieb geben und gründlich unter fließendem kaltem Wasser waschen. Etwas abtropfen lassen und in eine große Schüssel geben. Mit dem **Salz** vermengen und mindestens 30 Minuten und bis zu 2 Stunden bei Raumtemperatur ruhen lassen, bis der Kohl weich ist.

Reispaste ① In einem kleinen Topf kalte **Gemüsebrühe** und **Reismehl** mit einem Schneebesen verquirlen. Dann aufkochen und so lange unter Rühren köcheln, bis die Mischung eindickt. Den **Rohrohrzucker** einrühren, sodass er sich auflöst. Beiseitestellen und abkühlen lassen.

Gemüse ① Inzwischen das **Gemüse** wie in der Zutatenliste angegeben vorbereiten.

Marinade ① Alle **Zutaten** für die Marinade zusammen mit der Reispaste im Mixer glatt pürieren.

Kimchi zubereiten ① Sobald der Kohl weich ist, unter fließendem Wasser abspülen, in einem Sieb gut abtropfen lassen, trocken tupfen oder schleudern. ② Den Chinakohl zurück in die Schüssel geben. Gemüse und Marinade hinzugeben und alles gut vermengen. In saubere Einmachgläser füllen und fest an den Boden drücken, sodass das Kimchi ohne Luft verpackt ist. (Eventuell mit etwas Salzwasser auffüllen, da das Gemüse mit ausreichend Flüssigkeit bedeckt sein soll.)

Fermentieren ① Das Kimchi entweder sofort servieren oder 2–3 Tage bei Raumtemperatur luftdicht verschlossen fermentieren lassen. Danach in den Kühlschrank stellen.

Tipps • Das Kimchi ist im Kühlschrank mindestens 2 Monate haltbar. • Je nach Umgebungstemperatur verläuft die Fermentation schneller oder langsamer. Wer Kimchi etwas säuerlicher mag, lässt die Fermentation länger laufen. Für einen milden Geschmack die Gärzeit verkürzen. Beachte, dass die Fermentation trotz Kühlung langsam weiterläuft. • Am besten schmeckt Kimchi in den ersten Tagen nach der Fermentation.

Region: Korea

Asiatische Gemüsesuppe mit Dumplings

Vorbereitungszeit: 15 Minuten
Zubereitungszeit: 20 Minuten

Zutaten für 4 Portionen

Gemüsesuppe

1–2 EL Sesamöl (oder Kokosöl oder Rapsöl)
3 Knoblauchzehen, gehackt
1 EL geriebener Ingwer
2 Selleriestangen, gehackt
4 Frühlingszwiebeln, fein geschnitten
250 g Räuchertofu, in Würfel geschnitten
960 ml Gemüsebrühe (oder mehr nach Bedarf)
1 große Karotte, in dünne Streifen geschnitten oder gewürfelt
2 EL Tamari (oder Sojasauce)
½ TL Chiliflocken (oder nach Geschmack)
1 Zucchini, im Spiralschneider zu Spaghetti geschnitten
1–2 Baby-Pak-Choi, Stiele entfernt, längs halbiert
Salz
gemahlener schwarzer Pfeffer

Dumplings

3–4 EL Sesamsamen
1–2 EL Sesamöl (oder Rapsöl)
ca. 10 rohe Gyoza (glutenfrei, siehe Seite 209; alternativ 1 Pck. frische oder gefrorene Gyoza, mit Gemüse gefüllt (ca. 200 g, glutenhaltiges veganes Fertigprodukt))

Nach Belieben zum Garnieren

Petersilie oder Koriandergrün
Jalapeñoringe
Limettensaft

Gemüsesuppe (1) Das **Sesamöl** in einem Topf erhitzen. **Knoblauch** und **Ingwer** zugeben und 30 Sekunden anrösten. **Sellerie, Frühlingszwiebeln** und **Tofuwürfel** hinzufügen und unter gelegentlichem Rühren 3–4 Minuten anbraten. (2) Dann **Gemüsebrühe, Karotten, Tamari** und **Chiliflocken** einrühren, den Topf abdecken und 8–10 Minuten köcheln lassen. Dann spiralisierte **Zucchini** und **Pak Choi** hinzufügen und weitere 5 Minuten abgedeckt köcheln lassen. Zum Schluss mit **Salz, Pfeffer** und nach Geschmack mit **Chiliflocken** abschmecken.

Dumplings (1) Den **Sesam** auf einen Teller streuen. Das **Öl** in einer beschichteten Pfanne erhitzen. Die **Gyoza** nacheinander mit den Unterseiten kurz ins Öl tupfen, dann in den Sesam drücken und anschließend in der heißen Pfanne anordnen. Die Gyoza so lange anbraten, bis der Boden knusprig ist, dann wenden und von der anderen Seite braten. (Bei gefrorenen Dumplings etwas Wasser hinzugießen, die Pfanne abdecken und die Teigtaschen dämpfen, bis sie vollständig durchgegart sind.) (2) Die Suppe in Schalen füllen und die knusprigen Dumplings darauflegen. Nach Belieben mit **Petersilie** oder **Koriander** und **Jalapeñoringen** garnieren. Mit je einem Spritzer **Limettensaft** abrunden und genießen.

Tipps • Gemüse: Verwende beliebiges Gemüse. Bei TK-Gemüse verkürzt sich die Garzeit. • Tofu: Geräucherter Tofu verleiht der Suppe viel Geschmack, aber du kannst auch festen Tofu Natur verwenden. Einfach gut ausdrücken, würzen und anbraten. • Sojafrei: Den Tofu weglassen und stattdessen ein paar Pilze mit Knoblauch anbraten. Außerdem Tamari durch glutenfreie vegane Worcestershire-Sauce ersetzen. • Dumplings/Gyoza: Verwende beliebige vegane Dumplings oder ersetze diese durch Nudeln wie Ramen oder Reisnudeln (Garzeit entsprechend anpassen). Auch Wan-Tan-Teigtaschen (siehe Seite 211) passen sehr gut.

Nährwerte pro Portion: 446 kcal (F 28 g · KH 28 g · EW 19 g)
frei von raffiniertem Zucker, glutenfrei

Gyoza – glutenfreie japanische Dumplings

Vorbereitungszeit: 15 Minuten
Zubereitungszeit: 35 Minuten + 14–16 Minuten Garzeit

Zutaten für 36 Gyoza

Gemüsefüllung

1–2 EL Sesamöl
200 g braune Champignons, fein gehackt
1 Zwiebel, gewürfelt
1 Karotte (100 g), geraspelt
½ Lauchstange (60 g), fein gehackt
200 g Kohl (z. B. Chinakohl oder Wirsing), fein gehackt
Salz
2 Knoblauchzehen, gehackt
1 EL gehackter Ingwer
2 EL Tamari (oder Sojasauce)
1 EL Reisessig
1 TL Sriracha (oder optional Sambal Oelek)
gemahlener schwarzer Pfeffer

Dip

3 EL Tamari (oder Sojasauce)
1 EL Reisessig
1 EL Agavendicksaft
¼ TL Sesamöl
½ TL Sriracha (oder optional Sambal Oelek)

Reismehlteig

200 g helles Reismehl + etwas mehr zum Bestäuben
80 g Tapiokastärke
2 TL Xanthan Gum (für mehr Elastizität; oder 3 TL Guarkernmehl)
½ TL Salz

Gemüsefüllung (1) Das **Öl** in einer großen Pfanne erhitzen. **Champignons, Zwiebeln** und **Karotten** zugeben und 2–3 Minuten braten, bis das Gemüse leicht gebräunt ist. (2) Dann **Lauch** und **Kohl** mit etwas **Salz** zugeben und weitere 5–7 Minuten dünsten, bis das Gemüse weich und durchgegart ist, dabei gelegentlich umrühren und bei Bedarf etwas Wasser hinzugeben. (3) Nun **Knoblauch, Ingwer, Tamari, Reisessig** und **Sriracha** mit etwas **Pfeffer** hinzufügen und 1 weitere Minute dünsten, damit sich die Aromen entfalten können. (4) Anschließend zum Abkühlen beiseitestellen.

Dip (1) Alle **Zutaten** verrühren und beiseitestellen.

Reismehlteig (1) **Reismehl, Tapiokastärke, Xanthan** und **Salz** in einer Schüssel vermischen. 180 ml heißes Wasser (bei Bedarf etwas mehr) mit dem **Öl** verquirlen und in die Mehlmischung gießen. Alles mit einer Gabel verrühren, bis die Flüssigkeit aufgenommen wurde. Dann auf die Arbeitsfläche geben und zu einem glatten und geschmeidigen Teig kneten. Anschließend den Teig vierteln, zu Kugeln formen, fest in Frischhaltefolie wickeln und bis zur weiteren Verwendung in den Kühlschrank legen (damit sie nicht austrocknen). (2) Mit einer Teigportion beginnen und die restlichen Teigkugeln vorerst im Kühlschrank lassen. Die erste Portion zwischen zwei Lagen Frischhaltefolie oder Backpapier etwa 3 mm dünn ausrollen (der Teig ist sehr klebrig). (3) Nun mit einem Glas (mit dünnem Rand) oder Keksausstecher Kreise ausstechen (Ø etwa 8 cm). (Oder mit einem Pizzaschneider etwa 7,5 × 7,5 cm große Wan-Tan-Teigblätter ausschneiden.) Die Teigreste erneut zu einer Kugel kneten, ausrollen und weitere Kreise/Vierecke ausschneiden.

Gyoza zubereiten (1) Je etwa 1 EL Gemüsefüllung auf die Teigblätter geben und zu Gyoza falten und formen, dabei die Ränder mit etwas Wasser befeuchten, damit der Teig beim Verschließen zusammenhält. Dann auf ein Holzbrett setzen, abdecken und diesen Vorgang mit der nächsten Teigportion

Fortsetzung auf Folgeseite ▷

Region: Japan

Fortsetzung

Gyoza – glutenfreie japanische Dumplings

1 EL Pflanzenöl (damit der Teig geschmeidiger wird)
2 EL Öl zum Braten

Zum Garnieren

1 EL Sesamsamen
2 Frühlingszwiebeln, in Ringe geschnitten

Nährwerte pro Stück: 57 kcal
(F 2 g · KH 8 g · EW 1 g)
glutenfrei

wiederholen, bis alles aufgebraucht ist, dabei darauf achten, dass der Teig stets abgedeckt ist, damit er nicht rissig wird. **2** Sobald alle Gyoza geformt sind, kann man sie braten und dämpfen. **3** Das **Öl** in einer großen Pfanne auf mittlerer Stufe erhitzen. Die Hälfte der Gyoza darin platzieren und 2–3 Minuten braten oder bis die Böden gut gebräunt sind. Dann 60 ml Wasser eingießen, den Deckel auflegen und 7–8 Minuten dämpfen oder bis das Wasser verdampft ist. Auf die gleiche Weise die restlichen Gyoza garen (oder direkt mit zwei Pfannen arbeiten). **4** Die Gyoza mit **Sesam** und **Frühlingszwiebeln** bestreuen und mit dem Dip servieren.

Tipps ● Konsistenz: Wenn der Teig zu trocken ist, ein wenig Wasser zufügen. Ist er zu klebrig, einige Minuten an der Luft stehen lassen oder etwas Reismehl einarbeiten. ● Abdecken: Der Teig trocknet schnell aus und wird dann leicht brüchig. Daher sollte man ihn entweder sofort weiterverarbeiten oder luftdicht einpacken und bis zu 3 Tage im Kühlschrank lagern oder einfrieren. ● Durch das Xanthan Gum wird der glutenfreie Teig elastischer. Es klappt auch mit Guarkernmehl oder ganz ohne, aber ich würde eines dieser Bindemittel nicht weglassen. Der Teig kann am Anfang etwas trocken aussehen, aber wenn man ihn weiterknetet, wird er glatt. ● Aufbewahrung: Die Gyoza halten sich roh in einem gut schließenden Behälter 2–3 Tage im Kühlschrank (mit Frischhaltefolie trennen, damit sie nicht zusammenkleben). ● Einfrieren: Ungekochte Gyoza mit etwas Abstand auf ein Backblech oder Holzbrett legen und 1–2 Stunden vorgefrieren. Dann in einen Gefrierbeutel umfüllen und im Gefrierfach lagern. Zum Servieren einfach ohne aufzutauen direkt zubereiten – lediglich 2 Minuten länger garen. ● Serviertipp: Einen Teil der rohen Gyoza aufbewahren und später für die leckere asiatische Gemüsesuppe mit Dumplings (siehe Seite 206) verwenden!

Wan Tan mit Chilisauce

Vorbereitungszeit: 30 Minuten
Zubereitungszeit: 40 Minuten

Zutaten für 4 Portionen

Wan-Tan-Teig
300 g Weizenmehl Type 405 oder Dinkelmehl Type 630 (oder glutenfreier Reismehlteig, siehe Seite 209) + etwas mehr zum Bestäuben
½ TL Salz
Speisestärke zum Bestäuben

Gemüsefüllung
1–2 EL Sesamöl
200 g Tofu Natur, ausgedrückt, zerbröselt
200 g Champignons, fein gehackt
½ Lauchstange (60 g), fein gehackt
1 Karotte (100 g), geraspelt
200 g Chinakohl, fein gehackt
2 Knoblauchzehen, gehackt oder klein geschnitten
1 EL geriebener Ingwer
2 EL Tamari (oder Sojasauce)
1 EL Reisessig
Salz
gemahlener schwarzer Pfeffer

Chilisauce
160 ml süße Chilisauce
2 EL Chiliöl (oder Sesamöl)
2 EL Tamari (oder Sojasauce)
2 TL schwarzer Reisessig (nach Geschmack)
2 Knoblauchzehen, fein gerieben

Wan-Tan-Teig (1) **Mehl** und **Salz** in einer Schüssel vermischen. 160 ml heißes Wasser (für glutenfreien Teig benötigt man 180 ml heißes Wasser + 1 EL Öl, damit der Teig geschmeidiger wird) hineingießen und alles mit Stäbchen verrühren, bis das Mehl die Flüssigkeit aufgenommen hat. Die Masse auf die Arbeitsfläche geben und 3–5 Minuten zu einem glatten und weichen Teig kneten. Zu einer Kugel formen, in Frischhaltefolie einwickeln und 30 Minuten in den Kühlschrank legen.

Gemüsefüllung (1) Inzwischen das **Sesamöl** in einer großen Pfanne erhitzen. **Tofu, Champignons** und **Lauch** 2–3 Minuten bei hoher Hitze anbraten, bis alles leicht gebräunt ist. Dann **Karotten** und **Chinakohl** hinzugeben und weitere 3 Minuten dünsten, bis das Gemüse gar ist, dabei gelegentlich umrühren. (2) Zuletzt **Knoblauch, Ingwer, Tamari, Reisessig,** etwas **Salz** und **Pfeffer** hinzufügen und 1 weitere Minute dünsten, damit sich die Aromen entfalten können. Anschließend zum Abkühlen beiseitestellen.

Wan-Tan-Teigblätter herstellen (1) Nach der Kühlzeit den Teig halbieren oder vierteln. Mit einem Teigstück beginnen und die restlichen Stücke wieder einwickeln und zurück in den Kühlschrank legen, damit sie nicht austrocknen. Die erste Teigportion auf einer nur leicht **bemehlten** Arbeitsfläche etwa 2 mm dünn ausrollen. (2) Mit einem Pizzaschneider Quadrate ausschneiden (etwa 7,5 × 7,5 cm). Teigreste erneut zu einer Kugel kneten, ausrollen und weitere Quadrate ausschneiden. Die Teigblätter mit etwas **Speisestärke** bestäuben, damit sie nicht zusammenkleben, und stapeln. (3) Anschließend diesen Vorgang mit den anderen Teigportionen wiederholen.

Wan Tan falten (1) Jeweils etwa 1 gehäuften TL Füllung in der Mitte der Teigquadrate platzieren. Die Ränder mit etwas Wasser befeuchten, dann eine Ecke diagonal über die Füllung falten, sodass ein Dreieck entsteht, und die Ränder fest zusammendrücken. Anschließend die langen äußeren Ecken zur Mitte hin falten, übereinanderschlagen und gut festdrücken (eventuell die

Fortsetzung auf Folgeseite ▶

Fortsetzung

Wan Tan mit Chilisauce

Nach Belieben zum Garnieren
1 EL geröstete Sesamsamen
2 EL Frühlingszwiebelringe

Nährwerte pro Portion: 556 kcal (F 17 g · KH 83 g · EW 18 g)
optional glutenfrei (mit glutenfreiem Reismehlteig)

Spitzen der Ecken mit etwas Wasser befeuchten). (2) Diesen Vorgang wiederholen, bis Teigblätter und Füllung aufgebraucht sind. (Der Teig wird schnell trocken, daher sollte immer alles gut abgedeckt werden.) (3) Jetzt kann man die rohen Wan Tan garen oder einfrieren.

Wan Tan garen (1) Wasser in einem großen Topf zum Köcheln bringen. Die Wan Tan vorsichtig portionsweise hineingleiten lassen (der Topf sollte nicht zu voll werden), 2–3 Minuten sieden lassen oder bis sie an der Oberfläche schwimmen und durchscheinend aussehen, dabei gelegentlich umrühren, damit sie nicht am Boden kleben bleiben. (2) Die Wan Tan mit einem Schaumlöffel herausnehmen, abtropfen lassen und in eine Schüssel geben. (Optional kann man die Wan Tan auch frittieren oder zum Garen mit in eine Gemüsesuppe geben.)

Chilisauce (1) Inzwischen alle **Zutaten** für die Sauce verrühren und nach Belieben abschmecken. Wer die Sauce dünnflüssiger haben möchte, der kann etwas Wan-Tan-Kochwasser einrühren. (2) Die Sauce über die heißen Wan-Tan-Teigtaschen gießen. Nach Belieben mit **Sesam** und **Frühlingszwiebeln** bestreuen und genießen.

Tipps • Alternativ kann man etwa 40 gekaufte Wan-Tan-Teigblätter verwenden. • Wie viele Teigblätter man zum Schluss erhält, hängt von der Dicke des Teigs ab. • Einfrieren: Um die Teigblätter einzufrieren, mit Speisestärke bestäubt stapeln und in Frischhaltefolie einwickeln. In einen Gefrierbeutel legen, gut verschließen und einfrieren. Wenn man sie verwenden möchte, einfach über Nacht zum Auftauen in den Kühlschrank legen. • Sauce: Traditionell träufelt man nur Chiliöl über die Wan Tan, aber ich liebe sie mit Chilisauce. Statt der hier angegebenen Chilisauce passt auch der Dip aus dem Gyoza-Rezept sehr gut (siehe Seite 209).

Asiatischer Gurkensalat

Zubereitungszeit: 10 Minuten + 30 Minuten Ruhezeit

Zutaten für 3 Portionen

Salat
- 1 mittelgroße Gurke (350 g)
- ½ TL Salz
- 2 EL grob gehacktes Koriandergrün
- 1 rote Zwiebel, in dünne Scheiben geschnitten

Dressing
- 2 Knoblauchzehen, gepresst
- 2 TL geriebener Ingwer
- 1 EL Reisessig
- 1 EL geröstetes Sesamöl
- 1 EL Tamari (oder Sojasauce)
- 2 TL Agavendicksaft (oder Ahornsirup oder Zucker)

Nach Belieben zum Garnieren
- edelsüßes Paprikapulver
- rote Chiliringe (oder Chiliflocken oder beides)
- Frühlingszwiebelringe
- Sesamsamen (oder zerstoßene Erdnüsse)

Nährwerte pro Portion: 85 kcal (F 5 g · KH 16 g · EW 2 g)
glutenfrei

1 Für den Salat die **Gurke** mit einem Nudelholz (oder einem Fleischklopfer) zerschlagen, sodass sie an den Seiten aufplatzt. Dann die zerdrückte Gurke in mundgerechte Stücke schneiden und zum Abtropfen in ein Sieb geben. Mit **Salz** bestreuen, vermischen und 30 Minuten ziehen lassen, damit die überschüssige Flüssigkeit austritt. 2 Für das Dressing alle **Zutaten** in einer kleinen Schüssel verrühren. 3 Anschließend die abgetropften Gurkenstücke in eine Schüssel geben. **Koriander, Zwiebeln** und Dressing zufügen und alles vermengen. 4 Den Gurkensalat nach Belieben mit **Paprikapulver, Chiliringen, Frühlingszwiebeln, Sesam** und/oder anderen Kräutern oder Toppings garnieren und servieren.

Tipps • Dazu passen Pfannenbrote ohne Hefe (siehe Seite 16) oder Fladenbrot. • Der Salat passt sehr gut zu chinesischen Dampfbrötchen (siehe Seite 190) und Tofu-Saté-Spießen (siehe Seite 197). • Vorbereiten: Dieser Salat kann bis zu 1 Tag im Voraus zubereitet werden. • Aufbewahrung: In einem luftdicht schließenden Behälter im Kühlschrank aufbewahren und erst kurz vor dem Servieren Sesam oder Erdnüsse hinzufügen, damit diese knackig bleiben.

Region: China

Grünes Thai-Curry

Vorbereitungszeit: 15 Minuten
Zubereitungszeit: 20 Minuten

Zutaten für 4 Portionen

Grüne Currysauce

1 EL Kokosöl
½ Lauchstange, gehackt (oder 2 Zwiebeln)
1 grüne Chilischote, entkernt, fein gehackt
2 Zitronengrasstängel, fein gehackt
3–4 Knoblauchzehen, gehackt
1–2 EL gehackter Ingwer
1 Bund Koriandergrün, grob zerkleinert
2 EL Tamari (oder Sojasauce)
1–2 EL Limettensaft (oder Reisessig)
1 EL Ahornsirup
½ TL Salz
¼ TL gemahlener schwarzer Pfeffer
½ TL gemahlene Kurkuma
1 Dose Kokosmilch (400 ml)

Thai-Curry

1 EL Kokosöl
2 Zucchini (400 g), in Scheiben geschnitten, halbiert
200 g Brokkoliröschen
100 g Zuckerschoten
1 grüne Paprika, gewürfelt

Grüne Currysauce (1) Das **Kokosöl** in einer großen Pfanne oder einem Wok erhitzen. Den **Lauch** zugeben und 3–5 Minuten anbraten. Dann **grüne Chili, Zitronengras, Knoblauch** und **Ingwer** hinzugeben und 1 weitere Minute unter häufigem Rühren anbraten. (2) Die Mischung in den Mixer geben. Nun **Koriander, Tamari, Limettensaft, Ahornsirup, Salz, Pfeffer, Kurkuma** und **Kokosmilch** hinzugeben und zu einer cremigen Sauce mixen.

Thai-Curry (1) Das **Kokosöl** in derselben Pfanne erhitzen. **Zucchini, Brokkoli, Zuckerschoten** und **Paprika** zugeben und etwa 5 Minuten anbraten, bis das Gemüse gar, aber noch knackig ist. (2) Die grüne Currysauce zugeben, umrühren und zum Köcheln bringen. Abgedeckt etwa 5 Minuten köcheln lassen, bis das Gemüse zart ist, und je nach gewünschter Konsistenz etwa 80 ml Wasser (oder bis zur gewünschten Konsistenz) hinzufügen. (3) Bei Bedarf nachwürzen, **Erbsen, Edamame** und **Spinat** dazugeben und 1 weitere Minute köcheln lassen, bis der Spinat zusammengefallen ist.

Nudeln (1) Während das Curry köchelt, die **Ramen-Nudeln** 1–2 Minuten in heißem Wasser gar kochen (oder andere Nudeln oder Reis nach Packungsanleitung kochen) und abgießen. (2) Das grüne Thai-Curry mit Ramen-Nudeln in Schalen füllen, nach Belieben mit gerösteten **Cashews** oder **Erdnüssen, Sesam, Chiliringen, Minze** und **Limettenscheiben** garnieren und servieren.

Fortsetzung auf Folgeseite ▶

Region: Thailand

Fortsetzung

Grünes Thai-Curry

150 g TK-Erbsen, aufgetaut
150 g TK-Edamame, aufgetaut (oder andere Bohnen oder Kichererbsen aus der Dose)
2–3 Handvoll Babyspinat

Nudeln

250 g Ramen-Nudeln (oder Reis-, Soba-Nudeln, andere glutenfreie Nudeln oder Linguine)

Nach Belieben zum Servieren

geröstete Cashewkerne (oder Erdnusskerne)
Sesamsamen
rote Chiliringe
Minzeblätter
Biolimettenscheiben

Nährwerte pro Portion: 681 kcal (F 32 g · KH 68 g · EW 25 g)
frei von raffiniertem Zucker, optional glutenfrei (mit glutenfreien Nudeln)

Tipps ● Aufbewahren/einfrieren: Übrig gebliebenes Curry kann in einem luftdicht schließenden Behälter im Kühlschrank bis zu 5 Tage aufbewahrt oder eingefroren werden. ● Mehr Gemüse? Man kann auch anderes Gemüse hinzufügen, zum Beispiel Blumenkohl, Bambussprossen, Pilze, Pak Choi, Kartoffeln, Süßkartoffeln, Karotten, Kürbis. Finde deine Lieblingsmischung heraus! ● Mehr Eiweiß? Wer mag, kann gern knusprigen Tofu (siehe Seite 226) oder verschiedene Bohnen, Kichererbsen oder Linsen hinzugeben. ● Statt mit Nudeln das Curry-Gericht mit gegartem Reis servieren. Oder Nudeln und Reis weglassen und mit Fladenbrot oder Pfannenbroten ohne Hefe (siehe Seite 16) genießen.

Mango-Sticky-Reis

Vorbereitungszeit: 10 Minuten + mind. 3 Stunden Einweichzeit + 25 Minuten Dämpfzeit
Zubereitungszeit: 10 Minuten + 20 Minuten Ruhezeit

Zutaten für 4 Portionen

Reis
125 g Klebreis

Kokossauce
1 Dose Kokosmilch (400 ml)
50 g Rohrzucker
⅓ TL Salz

Zum Servieren
2 reife Mangos, in Scheiben geschnitten
kleine Minzeblätter
1 TL helle und/oder schwarze Sesamsamen
1 TL Kokosraspel

Nährwerte pro Portion: 547 kcal (F 26 g · KH 72 g · EW 6 g)
glutenfrei

1 Den **Reis** in ein feinmaschiges Metallsieb geben und unter fließendem kaltem Wasser gut abbrausen, bis das Wasser klar abläuft. Dann in eine Schüssel geben, mit frischem Wasser bedecken und mindestens 3 Stunden oder besser über Nacht einweichen lassen. 2 Den Reis wieder in das Sieb abgießen. 3 Etwas Wasser in einem Topf aufkochen lassen. Dann das Sieb mit dem Reis auf den Topf setzen, dabei darauf achten, dass das Sieb das Wasser nicht berührt. Den Deckel aufsetzen und 25 Minuten dämpfen lassen. 4 Für die Kokossauce in einem kleinen Topf **Kokosmilch, Zucker** und **Salz** verrühren und zum Kochen bringen. 5 Den gedämpften Reis in eine Schüssel geben und zwei Drittel der heißen Kokossauce unterrühren. Die Schüssel abdecken und etwa 20 Minuten ruhen lassen. 6 Den Kokosreis auf Dessertteller verteilen und die **Mangoscheiben** daneben anrichten. Die restliche Sauce über den Reis gießen und mit **Minze, Sesam** und **Kokosraspeln** garnieren. Guten Appetit!

Tipps ● Klebreis findet man im Asia-Markt oder kann ihn im Internet bestellen. Alternativ könnte man auch 125 g Milchreis nehmen und nach Packungsanweisung in einer Mischung aus 400 ml Kokosmilch und 100 ml Wasser kochen. Anschließend mit Zucker süßen und eine Prise Salz hinzufügen. Wer es nicht so süß mag, wie es das traditionelle thailändische Rezept vorgibt, kann weniger Zucker nehmen.

Thai-Ananasreis im Ananasboot

Vorbereitungszeit: 20 Minuten + 15–22 Minuten Garzeit + Abkühlzeit
Zubereitungszeit: 10–15 Minuten

Zutaten für 4 Portionen

Reis
200 g Himalaya-Basmatireis
½ TL Meersalz

Ananasboote
1 Ananas

Reispfanne
1–2 EL Kokosöl (oder anderes Pflanzenöl)
1 rote Zwiebel, gewürfelt
3 Knoblauchzehen, gehackt
1 EL geriebener Ingwer
1 Karotte, gewürfelt
1 rote Paprika, entkernt, gewürfelt
1 ½ TL Currypulver (oder mehr; nach Geschmack)
½ TL gemahlene Kurkuma
2 ½ EL Tamari (oder Sojasauce)
80 g TK-Erbsen
80 g Maiskörner aus der Dose
3 Frühlingszwiebeln, in Ringe geschnitten
½ TL Salz (oder nach Geschmack)
½ TL gemahlener schwarzer Pfeffer (oder nach Geschmack)
70 g Cashewkerne

Nach Belieben zum Garnieren
2–3 EL helle und/oder schwarze Sesamsamen
Koriandergrün (oder Petersilie)

Reis ① Zuerst den **Basmatireis** in ein feinmaschiges Sieb geben und unter fließendem kaltem Wasser abbrausen. Dann mit 360 ml frischem Wasser und **Salz** in einen Topf geben, den Deckel auflegen und zum Kochen bringen. Nun die Hitze reduzieren und 10–12 Minuten sanft köcheln lassen. Anschließend vom Herd nehmen und noch 5–10 Minuten ziehen lassen. Danach in eine Schüssel geben, abkühlen lassen und am besten über Nacht in den Kühlschrank stellen.

Ananasboote ① Die **Ananas** mit einem scharfen Messer längs halbieren. Dann das Fruchtfleisch kreuzweise einschneiden, auslösen und die Fruchthälften vorsichtig aushöhlen.

Reispfanne ① Das **Kokosöl** in einer Pfanne erhitzen und **Zwiebeln, Knoblauch** und **Ingwer** darin etwa 2 Minuten anbraten. Dann **Karotten** und **Paprika** zugeben und weitere 3 Minuten braten. ② Gekochten Reis und Ananaswürfel mit **Currypulver, Kurkuma** und **Tamari** unterrühren und 2 Minuten braten. ③ Dann **Erbsen, Mais** und **Frühlingszwiebeln** zugeben und mit **Salz** und **Pfeffer** abschmecken. ④ Zuletzt die **Cashewkerne** in einer Pfanne ohne Zugabe von Öl anrösten. ⑤ Die Reismischung in die Ananasboote füllen, auf eine Servierplatte setzen und mit den Cashewkernen bestreuen. Nach Belieben mit **Sesam** und **Koriander** oder **Petersilie** garnieren und servieren.

Tipps • Am besten den Reis am Vortag kochen und über Nacht im Kühlschrank kalt stellen. Oder übrig gebliebenen Reis verwenden, damit er trockener und weniger klebrig ist. • Ananas: Es sieht natürlich sehr attraktiv aus, den Ananasreis in den Ananasbooten zu servieren, aber wer keine frische Ananas da hat, kann stattdessen auch 450 g Ananas aus der Dose verwenden und den Ananasreis in Schalen servieren.

Nährwerte pro Portion: 565 kcal (F 16 g · KH 85 g · EW 14 g)
frei von raffiniertem Zucker, glutenfrei

Nudelsalat mit Thai-Erdnusssauce

Vorbereitungszeit: 15 Minuten
Zubereitungszeit: 10 Minuten

Zutaten für 2 Portionen

Nudelsalat

Salz
120 g Nudeln (Weizen- oder selbst gemachte Nudeln, Reis- oder andere glutenfreie Nudeln)
150 g TK-Edamame
130 g Rotkohl, gehobelt
1 Karotte (100 g), in dünne Stifte geschnitten oder geraspelt
1 große rote Paprika (150 g), fein gewürfelt
ca. 5 Radieschen (100 g), in dünne Stifte geschnitten
30 g Frühlingszwiebeln, in dünne Ringe geschnitten
65 g geröstete gesalzene Erdnusskerne

Thai-Erdnusssauce

80 g cremige Erdnussbutter
2–3 EL Tamari (oder Sojasauce)
2 EL Ahornsirup
2–3 EL Reisessig
1 EL Sesamöl
1–2 Knoblauchzehen, gepresst
1 TL geriebener Ingwer
2–3 TL Sriracha (oder Sambal Oelek; nach Geschmack)
Saft von 1 Limette (ca. 3 EL)
etwas Kokosmilch zum Verdünnen

Nach Belieben zum Servieren

3–4 EL Sesamsamen
Biolimettenspalten
frische Kräuter (z. B. Petersilie und Koriandergrün)

1 Für den Nudelsalat **Salzwasser** in einem Topf zum Kochen bringen und die **Nudeln** darin nach Packungsanweisung kochen. 2 Dann in ein Sieb abgießen, mit kaltem Wasser abschrecken, abtropfen lassen und in eine große Schüssel geben. 3 In der Zwischenzeit die gefrorenen **Edamame** in eine Schüssel geben, mit heißem Wasser übergießen und auftauen lassen. 4 Das vorbereitete **Gemüse** zu den Nudeln in die Schüssel geben. 5 Für die Erdnusssauce alle **Zutaten** cremig rühren. (Wenn sie zu dickflüssig ist, ein wenig Kokosmilch oder Wasser hinzugeben.) Dann die Hälfte der Sauce über den Nudelsalat gießen, mit den **Erdnüssen** toppen und vermischen. 6 Den Thai-Nudelsalat in Schalen füllen und nach Belieben mit **Sesam, Limettenspalten** und **Kräutern** garnieren. Dazu die restliche Erdnusssauce servieren.

Tipps • Reste des Nudelsalats können getrennt von der Erdnusssauce im Kühlschrank bis zu 3 Tage aufbewahrt werden. • Die Erdnusssauce ist reichlich, übrig gebliebene Sauce hält sich ebenfalls 3 Tage im Kühlschrank. Für einen kleinen schnellen Rohkostsnack Karotten, Kohlrabi, Paprika, Sellerie oder Gurke in Stifte schneiden und in die Erdnusssauce dippen. Lecker! Die Erdnusssauce etwa 30 Minuten vor dem Servieren aus dem Kühlschrank holen, damit sie wieder flüssiger wird. Ansonsten kurz erwärmen oder etwas Wasser untermischen. • Wenn du die Nudeln im Voraus gekocht hast, in 1–2 TL Sesamöl schwenken, damit sie nicht zusammenkleben. • Die Erdnüsse erst kurz vor dem Servieren hinzufügen, damit sie knackig bleiben. Ich würde sie jedoch nicht weglassen, da sie dem Salat einen tollen Geschmack und Biss verleihen. Alternativ andere geröstete und gesalzene Nüsse, Curry-Cashews oder Samen oder Kerne verwenden. • Du kannst anderes zusätzliches Gemüse hinzufügen oder es gegen deine Favoriten austauschen.

Nährwerte pro Portion: 697 kcal (F 31 g · KH 73 g · EW 33 g)
optional glutenfrei (mit glutenfreien Nudeln)

Region: Thailand

Tom Yam Gung – thailändische Suppe

Vorbereitungszeit: 15 Minuten + 25–30 Minuten Backzeit
Zubereitungszeit: 15 Minuten + 10–15 Minuten Garzeit

Zutaten für 4 Portionen

Knuspriger Tofu

400 g Tofu Natur
1 EL Sesam- oder Erdnussöl (oder anderes Pflanzenöl)
1 EL Tamari (oder Sojasauce)
1 EL Speisestärke

Suppe

1 EL Kokosöl (oder anderes Pflanzenöl)
1 Zwiebel, in dünne Scheiben geschnitten
4 Knoblauchzehen, gehackt
10 g Ingwer, gehackt
1 kleine rote Chilischote, gehackt (optional, je nach Schärfe der Currypaste)
250 g Pilze (Champignons oder Shiitake)
2 TL rote Thai-Currypaste
1 TL gemahlenes Zitronengras (oder 1 grob gehackter Zitronengrasstängel)
750 ml Gemüsebrühe
180 ml Kokosmilch
1 Dose gehackte Tomaten (400 g)
2 EL Tamari (oder Sojasauce)
1 EL Ahornsirup (oder Kokosblütenzucker nach Geschmack)
Saft von 1–2 Limetten
2 Zucchini, im Spiralschneider zu Spaghetti geschnitten (oder 250 g Reisnudeln)

Nach Belieben zum Garnieren

Sesamsamen
Petersilie (oder Koriandergrün)
Chiliflocken
Biolimettenspalten

Knuspriger Tofu 1 Den Backofen auf 200 °C Ober-/Unterhitze vorheizen und ein Backblech mit Backpapier auslegen. 2 Den **Tofu** in Küchenpapier wickeln und sehr trocken pressen. Anschließend in Würfel schneiden, noch mal trocken tupfen und in eine Schüssel geben. **Öl** und **Tamari** zugießen und verrühren. Dann die **Speisestärke** darüberstreuen und noch mal vermengen, bis die Würfel mit der Mischung überzogen sind. 3 Die marinierten Tofuwürfel mit genügend Abstand auf dem vorbereiteten Backblech verteilen und im vorgeheizten Ofen 25–30 Minuten goldbraun backen, dabei nach 15 Minuten einmal durchmischen.

Suppe 1 Das **Kokosöl** in einem großen Topf oder Bräter erhitzen und die **Zwiebeln** darin 3–4 Minuten unter gelegentlichem Rühren glasig braten. Dann **Knoblauch, Ingwer, Chili** und **Pilze** hinzufügen und 3–4 Minuten unter gelegentlichem Rühren anbraten. **Currypaste** und **Zitronengras** unterrühren und 1 Minute anschwitzen. 2 **Gemüsebrühe, Kokosmilch, Tomaten, Tamari** und **Ahornsirup** hinzufügen und zum Kochen bringen. Dann die Hitze reduzieren und abgedeckt 10–15 Minuten köcheln lassen. Zuletzt den **Limettensaft** unterrühren, abschmecken und bei Bedarf nachwürzen. 3 Währenddessen die **Zucchininudeln** in kochendem Wasser kurz blanchieren und in ein Sieb abgießen. (Oder die Reisnudeln nach Packungsanweisung zubereiten.) 4 Zucchininudeln (oder Reisnudeln) auf Schalen verteilen, die Suppe einfüllen und mit knusprigem Tofu toppen. Nach Belieben mit **Sesam, Petersilie** oder **Koriander** sowie **Chiliflocken** garnieren und mit Limettenspalten servieren. Guten Appetit!

Tipp • Reste können 4–5 Tage im Kühlschrank oder bis zu 3 Monate im Gefrierfach aufbewahrt werden.

Nährwerte pro Portion: 383 kcal (F 25 g · KH 18 g · EW 18 g)
frei von raffiniertem Zucker, glutenfrei

Region: Thailand

Der Einkaufs- und Ernährungsassistent für unsere Kochbücher

Abschreiben oder Abfotografieren war gestern Rezepte aus unseren Kochbüchern lassen sich kostenlos auf www.mengenrechner.de an die Personenzahl und individuelle Portionsgrößen anpassen und als E-Mail auf dein Smartphone schicken oder gleich dort aufrufen. Zutaten lassen sich streichen, neue Zutaten ergänzen.

Rezept- und Zutatenfilter Suche zum Beispiel nach veganen, vegetarischen, glutenfreien, laktosefreien Rezepten oder nach Gerichten mit Zutaten, die du noch vorrätig hast. Speichere deine Lieblingsrezepte und Einkaufslisten.

Persönlicher Ernährungsassistent Sortiere Rezepte nach Kalorien, Kohlenhydraten, Fett- oder Eiweißgehalt. Berechne wissenschaftlich deinen täglichen Kalorienbedarf und -verbrauch. Lege Maximalwerte für Kalorien- oder Kohlenhydrataufnahme fest. Führe Tagesprotokolle mit Nährwertbilanz.

Abspann

Vegane Ersatzprodukte Im Buch habe ich vegane Ersatzprodukte so benannt, dass es einfach verständlich und gut lesbar ist. Die Hersteller müssen sie teilweise etwas anders benennen, beim Einkaufen heißen sie also zum Beispiel so:

- Soja-Cuisine, Hafer-Cuisine, Kokos-Cuisine, ungesüßte Pflanzensahne: vegane Pflanzensahne aus Soja, Hafer, Kokos etc.
- Ungesüßte Sojamilch, Hafermilch, Mandelmilch, Pflanzenmilch, Kokosmilch: meist Sojadrink etc. genannt, sonst vegane Pflanzenmilch aus Soja, Hafer, Mandeln etc.
- Sojaquark Natur (eventuell „Skyr-Style“): vegane Quarkalternative aus Soja
- Sojajoghurt Natur (eventuell „Skyr-Style“): vegane Joghurtalternative aus Soja
- Vegane Butter: vegane Butteralternative oder veganer Butterersatz

Infos zu Unverträglichkeiten Alle Rezepte sind laktosefrei. Viele sind auch glutenfrei oder frei von raffiniertem Zucker, dazu findest du beim Rezept dann einen Hinweis.
Einige Gerichte kannst du durch einfaches Austauschen einzelner Zutaten ebenfalls glutenfrei zubereiten, achte dafür auf den Hinweis „optional glutenfrei“.

Nährwertberechnung Optionale Zutaten und Zutaten „nach Belieben“ (zum Garnieren und zum Servieren) fließen nicht in die Nährwertberechnung ein.

Zutatenregister

Rezeptregister

Vita

Bianca Zapatka ist Foodstylistin, Fotografin sowie Rezeptentwicklerin und begeistert mit ihren veganen Köstlichkeiten über 730.000 Fans auf Instagram. Ihre Rezepte sind nicht nur für Veganer*innen geeignet, sondern für alle, die gern genießen und den Konsum tierischer Produkte reduzieren möchten.

Um einen gesunden und fitten Lebensstil zu pflegen, begann sie 2013, ihre eigenen Rezepte auf Social-Media-Plattformen zu teilen. Etwas später hat sie ihren Food-Blog www.biancazapatka.com gegründet, um auch dort andere an ihrer Leidenschaft für einfache, gesunde und leckere Rezepte teilhaben zu lassen. Dabei liegt das Augenmerk besonders auf veganen Gerichten mit frischen pflanzlichen Zutaten.

Ihr selbst ernanntes Ziel? Menschen zu einer gesünderen Ernährungsweise zu inspirieren, sodass sie mehr frische Lebensmittel und selbst gemachte Speisen ohne Zusatzstoffe und tierische Produkte in ihre Ernährung integrieren. Sie zeigt, dass es gar nicht so schwierig ist, vieles selbst vegan zuzubereiten. Ihre Gerichte zeichnen sich dadurch aus, dass sie unfassbar lecker schmecken, toll aussehen und auch Nichtveganer*innen überzeugen.

Der Verlag dankt Herzlichen Dank an Bianca Zapatka für die köstlichen Rezepte, für das großartige Foodstyling und Fotos, die uns allen das Wasser im Mund zusammenlaufen lassen. Es war uns eine große Freude, dieses Buch mit dir zu verwirklichen. Vielen Dank an Sascha Koglin für den Einsatz bei den Fotoshootings und für die Porträts, die daraus entstanden sind. Herzlichen Dank auch an die paradiesische Hacienda „Na Xamena" auf Ibiza, wo wir fotografieren durften. Danke für die Nährwertberechnungen an Philine Anastasopoulos, für das Rezeptlektorat an Şebnem Yavuz sowie an Doreen Köstler für das Schlusslektorat.

Der Verlag dankt allen Beteiligten, die durch ihre Mithilfe und Unterstützung zum Gelingen dieses Buches beigetragen haben. Für ihre unermüdlichen Bemühungen um die außerordentliche Qualität danken wir unseren Mitarbeiterinnen Anne Krause, Valerie Mayer, Ellen Schlüter, Annika Steinacker und Katerina Stegemann.

Impressum

Originalausgabe
Becker Joest Volk Verlag GmbH & Co. KG
Bahnhofsallee 5, 40721 Hilden, Deutschland

1. Auflage Dezember 2021
ISBN 978-3-95453-241-4

Autor, Food-Fotografie, Foodstyling: Bianca Zapatka
Porträt-Fotografie: Sascha Koglin
Projektleitung: Johanna Hänichen
Leitung Grafik, Covergestaltung: Dipl.-Des. Justyna Schwertner
Buchgestaltung: Dipl.-Des. Anne Krause
Bildbearbeitung: Ellen Schlüter und Makro Chroma Joest & Volk GmbH & Co. KG, Werbeagentur
Koordination Porträt-Shooting und Fachlektorat: Valerie Mayer
Fachlektorat Rezepte: Şebnem Yavuz
Nährwertberechnung: Philine Anastasopoulos
Lektorat: Doreen Köstler
Druck: Firmengruppe Appl, aprinta druck GmbH

WWW.MENGENRECHNER.DE
UNSER KOSTENLOSER SERVICE FÜR SIE
kcal

Ausführliche Infos
Seite 228

BECKER
JOEST
VOLK
VERLAG
www.bjvv.de